PATRIC HEIZMANN | SEBASTIAN BENTHE | ANTJE KLEIN

Ich bin dann mal SCHLANK

DAS KOCHBUCH

VORWORT

MÖCHTEN SIE OHNE HUNGER ABNEHMEN – und dabei auch noch Spaß haben und genießen? Schön wär's, werden Sie jetzt denken und überlegen, welche neue Wunderdiät das wohl auf einmal möglich machen sollte. Seien Sie unbesorgt und freuen Sie sich: Sie halten das richtige Kochbuch dazu gerade in der Hand. Die erfolgreiche »Ich-bin-dann-mal-schlank«-Methode ist einfach und in jedem Alltag umsetzbar, auch in Ihrem. Sie verlangt keine revolutionären Veränderungen in Ihrem Essverhalten über Nacht. Stattdessen setzt sie auf kleine aber umso wirksamere Schritte, die langfristig zum Erfolg führen.

Entdecken Sie deshalb die Lust am Kochen, die Freude am Essen, wenn es selbst und aus guten Zutaten zubereitet ist. Lernen sie Neues am Herd dazu, ohne auf Bewährtes zu verzichten. Erleben Sie, wie gut es tut, wenn man prima satt wird, dabei gesund isst, aber auch mal zwischendurch naschen darf.
Dazu zeigen wir Ihnen, wie Sie mit wenig Zeitaufwand in Schwung kommen und kurz und knackig Muskeln aufbauen. Die sind Ihre wichtigsten Verbündeten beim Abnehmen und sorgen außerdem für einen starken Auftritt. Denn das Training gehört ebenso zur »Ich-bin-dann-mal-schlank«-Methode wie das Einkaufen nach Plan, das selbst Kochen, die besten Lebensmittel für sich finden und nicht länger auf falsche Werbeversprechen der Lebensmittelindustrie hereinfallen.

Nach unseren ersten Erfolgs-Ratgebern aus der »Ich-bin-dann-mal-schlank«-Reihe präsentieren wir Ihnen dieses neue Kochbuch als Team: Wir, das sind der bekannte Ernährungs-Entertainer und Bestseller-Autor Patric Heizmann, die erfahrene Ökotrophologin Antje Klein und der kreative Fitnesskoch Sebastian Benthe, bei dessen Rezepten mit Eiweißpulver als Mehlersatz es sich um innovative Schlankheitsgerichte handelt. Mehr über uns erfahren Sie unter www.ich-bin-dann-mal-schlank.de. Wenn Sie sich hier für den Online-Coach »Mein Tag« anmelden, bekommen Sie auf Wunsch täglich persönliche Tipps von uns und werden so bei Ihrem persönlichen »Ich-bin-dann-mal-schlank«-Projekt effektiv unterstützt und motiviert.

Dieses Kochbuch ist nicht nur für Neueinsteiger gedacht, die sich mit unserer Erfolgsmethode anfreunden möchten. Auch wer den »Ich-bin-dann-mal-schlank«-Weg bereits kennt, findet hier viele neue Anregungen für eine abwechslungsreiche und alltagstaugliche Umsetzung. Auf den nächsten Seiten zeigen wir Ihnen, wie die Methode funktioniert und präsentieren Ihnen anschließend hundert leckere Rezepte vom Frühstück über Snacks und Mittagsgerichte bis zum Abendessen.

Alles Gute und viel Erfolg wünschen Ihnen

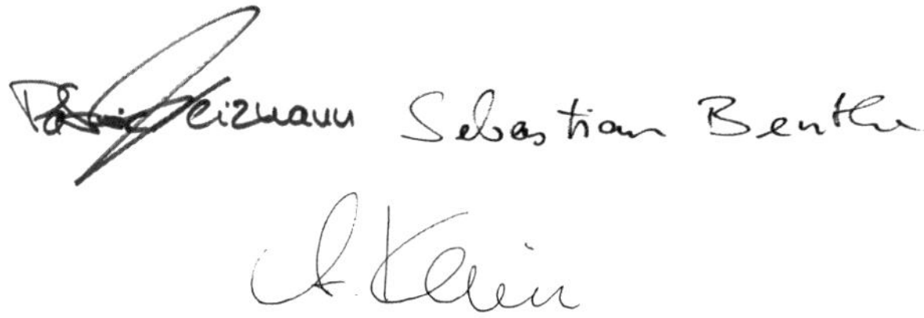

Das Erfolgsprogramm zum Abnehmen

Die Methode

- Selbst kochen macht schlank
- Alles essen, nur nicht immer
- Mit Muskeln zum Erfolg
- Basics, Tipps & Tricks

NEUSTART IN DER KÜCHE

Wer sich gesund ernähren will, sollte möglichst oft selbst den Kochlöffel schwingen. Das verändert die Einstellung zum Essen und ist prima für die Figur. Mit den »Ich-bin-dann-mal-schlank«-Rezepten ist das auch für Koch-Anfänger gut zu schaffen.
Besser essen, mit etwas weniger auf dem Teller auskommen, trotzdem schön satt werden und öfter mal was Frisches auf den Tisch zaubern – so würde sie wohl aussehen, die Wunschliste all derer, die sich auf die Suche nach einem alltagstauglichen Weg in Richtung »Gesünder leben« machen.

Die guten Vorsätze sind dabei schon lange da, doch am Durchhalten scheitert es immer wieder. Denn kaum jemand schafft es, dreimal täglich nach Rezept zu kochen, um einen festgelegten Diätplan einzuhalten. Auch wenn es ganz einfach klingt, gehört dazu ziemlich viel: Komplizierte Zutaten müssen in verschiedenen Geschäften zusammen- und nach Hause getragen werden. Man steht ca. dreimal am Tag – bewaffnet mit schwerem Kochgerät und langen Anleitungen – in der Küche. Und wenn dann ein Gericht misslingt oder das unbefriedigende Gefühl hinterlässt: »Ich bin gar nicht richtig satt«, dann muss schnell wieder etwas anderes her: Ein Fertiggericht aus der Tiefkühltruhe, die flinke Lösung vom Schnellimbiss um die Ecke oder – wenn der Hunger schon kräftig Alarm schlägt – auch mal eben die Kekspackung aus dem Vorratsschrank.

ESSGEWOHNHEITEN KANN MAN ÄNDERN

»Ich kann nicht gut genug kochen.« – »Mir fehlt die Zeit.« – »Wenn ich endlich zu Hause bin, muss es schnell gehen.« – »Selbstgemachtes schmeckt mir nicht.« – »Ich habe meine festen Gewohnheiten und komme einfach nicht davon los.« Die Liste der Ausreden ist lang, und die guten Vorsätze sind viel zu schnell dahin. Doch es geht auch anders: Mit der »Ich-bin-dann-mal-schlank«-Methode brauchen Sie gar nicht so viel tun, wie Sie sonst vielleicht befürchten. Sie sollen sich auch nicht unbedingt komplett von Ihren Ernährungsgewohnheiten verabschieden, denn das wäre ein Vorsatz, der beinahe zwangsläufig zum Scheitern verurteilt ist. Der Mensch ist nun mal ein Gewohnheitstier. Und längst nicht alles ist schlecht, was sich jahre- oder jahrzehntelang bewährt hat. Gewöhnen Sie sich lieber langsam in kleinen Schritten an etwas Neues, indem Sie alte Regeln nicht komplett über Bord werfen, sondern sie behalten, aber ein bisschen umstellen.

WICHTIG: ESSENSPAUSEN

Dafür verändern Sie Ihre Essenszeiten, kombinieren Obst, Gemüse, Fett, Eiweiß und Kohlenhydrate etwas anders, als Sie es wahrscheinlich kennen, halten Essenspausen ein und holen sich aus diesem Kochbuch immer wieder neue Rezeptanregungen. Unser »Ich-bin-dann-mal-schlank-Motto«: »Alles essen – nur nicht immer« bringt es auf den Punkt: Mit ein wenig Umdenken lässt sich auch im Alltagsleben viel erreichen.
Aber warum sollen Sie dafür selbst kochen? Die Antwort auf diese Frage ist ganz einfach: Es geht leichter, ist besser, preiswerter und vor allem gesünder, wenn man selbst den Kochlöffel schwingt. Zum einen, weil Fast Food, Fertiggerichte, Kantinen- und Restaurantmahlzeiten überwiegend ungesund und dick machend sind. Zum anderen aber auch, weil das Selberkochen unsere Einstellung zum Essen, zu Portionsgrößen und zum Wert der einzelnen Lebensmittel verändert.

Sie bestimmen, was auf den Tisch kommt

Wer sein eigener Koch ist, bestimmt selbst, was in welchen Mengen auf den Tisch kommt. Da mischt niemand Geschmacksverstärker ins Essen, von denen man nur erfährt, wenn man das Kleingedruckte auf den Lebensmittelverpackungen entziffern und verstehen kann. Es wird einem kein heimlicher Zucker untergejubelt, kein Farbstoff ins Essen gemischt, und kein falsches Aroma benebelt die Sinne. Das bedeutet: Sie werden nicht durch künstliche Anreize zum Mehr-Essen verführt.

Wahrscheinlich haben Sie das schon oft genug erlebt: Wäre der Pudding nicht so lecker süß, hätten Sie längst aufgehört, sobald Ihr Magen Sättigung gemeldet hätte. Würden die Paprika-Chips nicht so schmecken, dass man gar nicht mehr aufhören kann, ließe sich ein Fernsehabend locker mit einem Fünf-Chips-Tellerchen überstehen. Und wenn der Doppel-Wopper im pappigen Weißbrot wenigstens richtig satt machen würde, könnte man auf den Kuchen danach gut verzichten. Doch all das ist schwer – bis ganz und gar unmöglich.

Wer es schafft, gar nicht erst damit anzufangen, hat schon viel gewonnen. Der Hobbykoch macht statt dessen Bekanntschaft mit der Natur: Mit frischem Gemüse, Kräutern und anderen Originalen. Die Folgen sind nicht nur deshalb figur-, fitness- und gesundheitsfreundlich. Es geht auch um die Psychologie.

SELBST ZUBEREITEN MACHT SPASS

Die meisten Leute, die ein paar Pfunde loswerden möchten oder mit Übergewicht zu kämpfen haben, können ihre Mahlzeiten nicht richtig genießen. Sie essen häufig mit schlechtem Gewissen, mit dem Gefühl: »Eigentlich dürfte ich das ja jetzt gar nicht« und schlingen deshalb nebenbei schnell das herunter, was gerade zur Verfügung steht. Eine natürliche Sättigungsgrenze spüren sie nicht mehr. Genuss stellt sich gar nicht erst ein – und die Reue kommt postwendend.

Wer selbst kocht, kann das vermeiden. Denn Zubereiten steigert die Vorfreude und damit auch den Genuss, wenn das Essen auf dem Teller angerichtet ist. Dank einem festen Rhythmus und bestimmten Regeln gibt es kein Schnell-mal-eben-Nebenbei mehr. Am Tisch sitzen und ohne Ablenkung in aller Ruhe das verspeisen, was man sich selbst gekocht hat, was von der Portionsgröße her den eigenen Bedürfnissen entspricht – das gilt zu Recht als erfolgreiche Schlankheitsstrategie und gehört deshalb zu den Eckpfeilern der »Ich-bin-dann-mal-schlank«-Methode.

Entdecken Sie die Welt der Küche und des Kochens – und setzten Sie dabei Ihre Kreativität frei.

Gesund kochen, auch wenn die Zeit knapp ist

Die Rezepte, die Sie in diesem Buch finden, richten sich nach Ihren jeweiligen persönlichen Bedürfnissen. Wenn Sie zum Beispiel heißhungrig nach Hause kommen und wenig Zeit für ein längeres Zubereiten haben, können Sie spontan entscheiden, ob die geplante Erbsensuppe doch lieber später ins Programm passt und dafür erst einmal ein schneller Shake oder ein fix zusammengewürfeltes Müsli her muss. Das setzt natürlich voraus, dass die »Nottanks« für spontane Küchenaktionen immer gut (und gesund!) gefüllt sind und nicht etwa der Fertigkuchen in der »Schublade für alle Fälle« dafür herhalten muss.

Selbst machen bedeutet schließlich nicht, dass Sie jedes Mal auch selbst schnippelnd und brutzelnd am Herd stehen müssen. Viele Gerichte aus diesem Buch schmecken auch kalt. Und: Ihre Zubereitungszeit lässt sich durch geschicktes Vorbereiten und Einfrieren extrem verkürzen. Bei Hunger greifen Sie dann einfach in die Tiefkühltruhe und haben etwas Leckeres auf dem Tisch.

HUNGERN VERBOTEN!

Viele Diäterfahrene plagt beim Thema Abnehmen sofort die größte Befürchtung, die da lautet: »Hilfe, ich muss wieder hungern«. Das liegt vor allem daran, dass mit den meisten vermeintlichen Pfunde-Killer-Rezepten einfach nur Kalorien reduziert werden.
Das »Ich-bin-dann-mal-schlank«-Kochkonzept ist dagegen anders aufgebaut: Hier steht das Sattwerden im Vordergrund, weil es die beste Voraussetzung zum Durchhalten ist. Unser Fitness-Koch Sebastian Benthe, selbst übrigens Sportler und keinem kulinarischen Genuss abgeneigt, setzt vor allem auf Eiweiß als Satt-, Fit-, Schlank- und Schönmacher. Wenn er seine Rezepte entwickelt, legt er nicht nur Wert darauf, dass sie lecker schmecken, sondern achtet auch darauf, dass sie hinsichtlich der Anteile an Fetten, Eiweiß und Kohlenhydraten zur »Ich-bin-dann-mal-schlank«-Methode und zu den jeweiligen Tageszeiten passen (siehe auch Seite 14 f.).

Beim Einkaufen geht's los

Wenn Sie mit diesem Buch in der Küche loslegen möchten, gehören nicht nur die jeweiligen Rezeptzutaten von nun auf Ihren Einkaufszettel. Auch ein paar gesunde Basics sollten immer im Vorrats- oder Kühlschrank beziehungsweise im Tiefkühlfach sein. Jetzt geht es nur noch darum: Wie kaufe ich am besten ein, wenn ich meine Ernährung umstellen möchte? Welche Lebensmittel gehören jetzt in den Einkaufswagen? Was muss möglichst sofort gegessen werden und was kann ruhig ein bisschen länger liegen? Wann darf es auch mal was aus der Dose sein, das ich mir selbst gesund aufpimpe?
Auf alle diese Fragen gibt Ihnen Antje Klein, Diplom-Ökotrophologin im »Ich-bin-dann-mal-schlank«-Team. Antwort. Sie verrät Ihnen ab Seite 23 auch, wo die typischen Einkaufsfallen im Supermarkt lauern und wie Sie sie am besten vermeiden.

INFO Nanu? Turnübungen in einem Kochbuch? Ja, Sie haben beim Durchblättern richtig gesehen: Wir empfehlen Ihnen nicht nur Kochrezepte, sondern auch ein paar einfache Übungen zum Muskelaufbau, die das Abnehmen sehr wirkungsvoll unterstützen (siehe Seite 36). Sie brauchen dafür nicht mehr als ein bisschen Platz im Wohnzimmer und ein wenig Selbstdisziplin zum Aufraffen. Unser kleines Muskelaufbautraining ist für Anfänger ebenso geeignet wie für Fortgeschrittene.

ICH BIN DANN MAL SCHLANK

Und ab morgen mache ich Diät! Wer hat das nicht schon mindestens einmal beschlossen und sich dafür immer wieder neue ausgeklügelte Diätpläne zurechtgelegt? Wer hat nicht schon mal Rezepte für vier Wochen gesammelt, auf denen genau festgelegt war, was an welchem Tag, zu welcher Uhrzeit und in welcher Menge auf den Tisch kam? Und zwar so lange, bis das Wunschgewicht erreicht war? Oder – was öfter geschah – bis man einfach wieder aufhörte. Weil es zu schwierig war, mehrmals täglich nach Rezept zu kochen. Weil die Portionen zu klein waren, die Erfolge nicht schnell genug sichtbar waren oder weil die Laune einfach nachließ.

SCHLUSS MIT DIÄTEN

Kein Wunder, dass 90 Prozent aller Diäten scheitern. Die »Ich-bin-dann-mal-schlank«-Methode versteht sich auch nicht als Diät im herkömmlichen Sinne, sondern als Lebenseinstellung, die mit veränderten Essgewohnheiten einhergeht. Im Mittelpunkt steht dabei die Heizmann-Ernährungsuhr (siehe Seite 14). Das Prinzip: Nährstoffe werden so auf den Tag verteilt, dass sie die Fettverbrennung verstärken. Sie können auf der Uhr ablesen, welche Nährstoffe und Lebensmittel Sie zu welcher Tageszeit essen sollten, damit Ihr Körper auch dann noch Energie verbraucht, wenn Sie selbst nichts mehr tun. Das klappt ohne großen Verzicht (schließlich dürfen Sie sich schön satt essen), erfordert allerdings vor allem am Nachmittag und am Abend ein paar Umstellungen.

Die wichtigste Änderung: Ab spätestens 16 Uhr gibt es möglichst keine Kohlenhydrate mehr. Das heißt, dass weder der gewohnte Nachmittagskuchen noch das gute alte Butterbrot oder die Nudeln mit Ketchup am Abend auf den Tisch kommen. Ob Zucker, Pommes frites, Pizza, Süßigkeiten, Cola, alkoholische Getränke oder Paprikachips zum Feierabend vorm Fernseher – all das steht nicht mehr auf dem Plan. Stattdessen kombinieren Sie Eiweißreiches (zum Beispiel Fisch, Fleisch oder Käse) mit Gemüse oder Salat.

INFO Unser Körper verwandelt Kohlenhydrate auf unterschiedliche Weise. Die einfachen, die als schlechte bezeichnet werden, gelten als klassische Dickmacher. Sie enthalten vor allem Zucker, schießen regelrecht ins Blut und treiben den Blutzuckerspiegel nach oben. Der Körper reagiert mit Insulinausschüttung, um den hohen Spiegel wieder zu senken. Sinkt der dann unter den Normwert, ruft das die berüchtigten Heißhungerattacken hervor und führt zu Appetit auf immer mehr, ohne dass man sich richtig satt fühlt.
Die komplexen, guten Kohlenhydrate – vor allem aus Hülsenfrüchten, Gemüse und Vollkorn – werden beim Verdauen erst einmal zerlegt und gelangen deshalb nur langsam ins Blut. Sie sättigen schnell und halten dann lange vor, sodass der figurgefährliche Heißhunger ausbleibt. Grundsätzlich gilt: Je langsamer die Kohlenhydrate ins Blut übergehen, desto besser für Ihre Figur.

DIE ICH-BIN-DANN-MAL-SCHLANK-ERNÄHRUNGS-UHR

Gruppe 1: Gemüse, Obst, Öl

- Gemüse, Salat und Obst: alle Sorten.
- Öle und Gewürze: Lein-, Oliven-, Raps- und Walnuss-Öl / alle Gewürze (mäßig Salz)

Gruppe 2: Eiweiß

- Ei, Milchprodukte (mager, natur), Frischkäse / Käse bis 20 Prozent Fett i. Tr.
- Fisch: Seefisch aus Wildfang
- Fleisch: magere Stücke; bei Aufschnitt Lightprodukte wählen; Geflügel ohne Haut; Wild
- Hülsenfrüchte: alle Sorten
- Sojaprodukte
- Nüsse

Gruppe 3: Gute Kohlenhydrate

- Getreide: alle echten Vollkornprodukte, kurz gegarte Kartoffeln, Hirse, Naturreis

Gruppe 4: Schlechte Kohlenhydrate

- Getränke: alle gesüßten Getränke, Milch-Fruchtgetränke, Obstsaft(schorlen), Smoothies
- Getreide: alle Produkte aus weißem Mehl, Cornflakes, Frühstückscerealien und Müsli auf Maisbasis/mit Zucker, süßes/pikantes Gebäck, Mehl unter Typ 1050, polierter Reis
- Kartoffelprodukte: Bratkartoffeln; Kartoffelbrei, Chips, Pommes frites
- Süßes: Eis, Fruchtjoghurts und -quark, Fertigdesserts, Marmelade, Süßigkeiten, Schokolade, Süß- und Zuckeraustauschstoffe, Trockenobst, alle Zuckerarten

Gruppe 5: Getränke

- Gemüsesäfte, Tee (ungesüßt), Wasser (still und halbstill)

ESSEN NACH DER ERNÄHRUNGS-UHR

Wie sieht ein typischer »Ich-bin-dann-mal-schlank«-Tag aus? Morgens (auf der Uhr oben rechts) ist erlaubt, was gefällt. Sie können sich Ihr gewohntes Brötchen schmieren, ein Müsli mit Milch oder Joghurt essen (im gelb unterlegten Bereich), ein Frühstücksei kochen (hellgrün) und alles idealerweise mit Vitaminen aus Obst (grün) kombinieren.

Wenn Sie in aller Frühe nicht viel kauen wollen oder das Gefühl haben »Ich kriege noch gar nichts herunter«, hilft auch ein fix zusammengerührter Eiweiß-Shake mit frischen Früchten. Das Frühstück ist die beste Gelegenheit, um hochwertige Kohlenhydrate aufzunehmen. Die stecken vor allem in Vollkornbrot oder Vollkornmüsli.

Zum Frühstück etwas Süßes

Am Morgen sind auch noch süße Ausnahmen erlaubt: Wer auf seine Lieblingskekse, ein besonderes Stück Kuchen, Weißbrot oder die Extraportion Schokolade (noch) nicht verzichten kann, gönnt sich die Leckereien in kleinen Mengen (auf der Ernährungsuhr ist dieser Bereich rot unterlegt).

Wenn Sie Lust auf etwas Neues oder Besonderes haben und nicht mehr nur nach Ihren Gewohnheiten essen möchten, können Sie Ihr Essen auch schon morgens nach einem unserer Rezepts zubereiten. Unsere Frühstücksrezepte bestehen aus den für morgens geeigneten Nährstoffen (ab Seite 43) – und bieten eine Auswahl, die vom flotten Shake über süße Pancakes mit Schokosplittern bis zum deftigen Rührei reicht. Denn wichtig ist vor allem: Lassen Sie das Frühstück nicht einfach ausfallen. Denn dann holt der Heißhunger Sie im Laufe des Vormittags ein und verführt zu all den Lebensmitteln, von denen Sie sich ein wenig fernhalten wollen und sollen.

INFO Auf der Ernährungs-Uhr sehen Sie, dass die Bereiche, die rot und gelb unterlegt sind, zum Mittag hin kleiner werden. Das heißt, dass Sie in dieser Zeit die Mengen reduzieren müssen. Nach der ersten Hälfte des Tages (also spätestens nach dem Mittagessen) gehören die schlechten Kohlenhydrate (rot) gar nicht mehr auf den Speiseplan; die besseren (gelben) – zum Beispiel Nudeln – dürfen bei einem späten Mittagessen noch sein, werden aber am Nachmittag und am Abend stark eingeschränkt.

Mittags: Vielfalt auf dem Teller

Das Mittagessen erfordert wenige Änderungen. Hier werden allenfalls die Schwerpunkte verlagert. Meiden Sie Kombinationen aus Fett und Kohlenhydraten (also zum Beispiel Spaghetti bolognese, Pizza oder Pommes mit Currywurst), und bringen Sie viel Gemüse und Salat auf den Teller. Der kleine, aber feine Unterschied: Sie essen jetzt nicht mehr Fleisch oder Fisch mit Gemüse oder Salat, sondern Gemüse mit Fleisch, was die Mengenverhältnisse betrifft. Von Beilagen wie Reis, Nudeln, Kartoffelbrei oder Knödeln nehmen Sie nur wenig oder ersetzen sie ganz durch Erbsen, Möhren, Blumenkohl oder Paprika.

Am Anfang wird Ihnen das vielleicht schwerfallen, weil es ungewohnt ist. Aber Sie finden sicher bald neue Lieblingsrezepte (ab Seite 71).

Essen Sie abends »grün«!

Abends gibt es nur noch Mahlzeiten aus dem grünen Bereich. Ob warm oder kalt gegessen wird – das spielt keine Rolle. Auf der Ernährungsuhr sehen Sie Milch symbolisch für eiweißreiche Milchprodukte, Fisch, Wurst, Blumenkohl, Paprika und eine Tomate. Das heißt: Erlaubt sind Joghurt, Quark und Co., Gemüse, Salat, Fisch, Fleisch, Käse oder Wurst. Vielleicht erscheint Ihnen das etwas eintönig auf

die Dauer? Dann probieren Sie mal unsere Abendrezepte. Die »grünen« Lebensmittelgruppen lassen sich nämlich erstaunlich variantenreich kombinieren.
Genauso schnell, wie früher eine Tiefkühlpizza auf dem Teller war, steht jetzt ein Pilz-Omelett mit Gouda und frischen Tomaten auf dem Tisch. Oder soll's lieber ein deftiges Steak sein? Auch Brokkoligemüse mit Cashewnüssen aus dem Wok können dem gewohnten Abendbrot locker das Wasser reichen. Und mehr – alle Gerichte machen nicht nur satt, sondern kurbeln außerdem noch die nächtliche Fettverbrennung an. Denn der Körper kann sie sofort verarbeiten, weil diese Gerichte kaum Kohlenhydrate enthalten, mit deren Verbrennung der Organismus sich aufgrund der hohen Insulinausschüttung erst einmal aufhalten müsste.
Skeptisch wegen der Zubereitung? Keine Sorge, sie ist bei allen unseren Rezepten umkompliziert, und allen, die es noch nie ausprobiert haben, sei gesagt: Kochen kann sogar entspannen und den Stress des Tages deutlich senken.

INFO Kohlenhydrate bestehen aus Zuckerbausteinen. Sobald der Körper sie aufnimmt, funkt er ein Signal an die Bauchspeicheldrüse: Insulin ausschütten, bitte! Das Hormon hat eine Schlüsselfunktion. Es versorgt die Muskelzellen mit Energie; das heißt, dass es Nährstoffe – vor allem Zucker (Glukose) – aus dem Blut in die Zellen transportiert. Dort öffnet es die Zellen, die an ihrer Außenhaut spezielle Rezeptoren für dieses Hormon haben, und beliefert sie. Das klappt in der Regel reibungslos, solange so viel Zucker im Blut ist, wie die Zellen tatsächlich brauchen. Kommt aber – durch schlechte Ernährung, zu wenig Bewegung oder zu viele süße Zwischenmahlzeiten – mehr Zucker als nötig ins Blut, ziehen die Rezeptoren sich zu. Die Überschüsse werden gestaut, ins Fettgewebe gestopft und dort gespeichert. Das macht nicht nur dick, sondern auf die Dauer auch krank. Je öfter es vorkommt, desto größer ist die Gefahr, dass die Rezeptoren dauerhaft dichtmachen. Die Bauchspeicheldrüse kämpft dann mit immer größeren Insulin-Ausschüttungen dagegen an, bis sie nicht mehr kann. So entsteht ein Typ-2-Diabetes.

DREIMAL SATT MACHT SCHNELL SCHLANK

Wenn Sie sich regelmäßig drei große oder fünf kleinere Mahlzeiten pro Tag gönnen, bei denen Sie richtig satt werden, kommt Heißhunger kaum auf. Der entsteht vor allem, wenn man – aus übertriebenem Abnehmehrgeiz oder aus falsch verstandener Tapferkeit – versucht, einzelne Mahlzeiten einfach auszulassen. Wenn Sie vom Frühstück bis zum Mittagessen und vom Mittagessen bis abends ohne großen Hunger durchkommen – umso besser. Essenspausen halten den Insulinspiegel niedrig, was zu schnellerem Fettaufbau führt.

Schlau snacken

Wer früh aufsteht und einen langen Tag vor sich hat, kann auch einen kleinen Zwischenimbiss am Vormittag und Nachmittag zu sich nehmen. Das sollten am besten frische Vitamine aus Obst (zum Beispiel einen Apfel am Vormittag) oder eiweißhaltige Snacks als Sattmacher (eine Handvoll Nüsse oder ein Stück Käse) sein. Ideen zum Selbermachen finden Sie ab Seite 111. Steht Ihnen der Sinn nach einem erfrischenden Tropen-Smoothie für den kleinen Hunger? Oder nach einem Pfirsich-Törtchen, das den Süßhunger vertreibt?
Sie dürfen alles essen, nur nicht immer. Dazu treiben Sie kurz, aber knackig Sport und ändern ein paar Gewohnheiten – auf diese einfachen Eckpunkte lässt sich die »Ich-bin-dann-mal-schlank«-Methode reduzieren.

TRINKEN SIE GENUG ...

... aber nur kalorienfreie Flüssigkeiten statt heimlicher Dickmacher: Sie heißen Wellnessdrink oder Powertrunk, werben mit bunten Früchten und suggerieren: Wer mich trinkt, wird fit und lebt gesund. Dabei sind die meisten süßen Säfte wahre Kalorienbomben. Wir merken es nur nicht, weil Trinken – im Gegensatz zum Essen – kein Sättigungsgefühl hinterlässt. Faustregel: Ob Limo, Cola, Orangensaft oder Multivitamintrunk – der Zuckergehalt ist in all diesen Getränken fast gleich. Sie gehören eher in die Kategorie Süßigkeiten als zu den gesunden Durstlöschern.

Am besten: Wasser

Am besten stillen Sie das Flüssigkeitsbedürfnis des Körpers mit kalorienfreien Flüssigkeiten wie Leitungs- oder Mineralwasser. Auch ungesüßte Tees passen zur »Ich-bin-dann-mal-schlank«-Methode. Zwei bis drei Tassen Kaffee pro Tag (mit Milch, aber ohne Zucker) tun gut und schaden keineswegs. Beim Alkohol ist das Maßhalten die wichtigste Regel. Hin und wieder ein Glas Wein darf sein – wenn es auch wirklich bei einem bleibt.

TRINKEN MIT NACHHILFE

Wasser ohne Geschmack zu trinken, ist nicht jedermanns Sache. Denn wer gesüßte Getränke gewohnt ist, empfindet pures Wasser meist als langweilig. Früchtetees, ungezuckert natürlich, können eine Alternative sein. Wenn Sie merken, dass Sie von allein nicht genug trinken, hilft ein kleiner Trick: Stellen Sie sich am Morgen zwei Wasserflaschen in die Küche, die im Laufe des Tages geleert werden sollten. Wer am späten Nachmittag und am Abend absichtlich wenig trinkt, um nachts nicht zur Toilette zu müssen, sollte dafür in der ersten Tageshälfte mehr zu sich nehmen als in der zweiten.

WICHTIG Wie viel darf's sein? Zur Beruhigung vorweg: Wenn Sie sich erst einmal an die neue Ernährungsweise gewöhnt haben, werden Sie bald merken, dass die Lust am Viel-zu-viel-Essen und Einfach-nicht-aufhören-Können bei Gemüse und eiweißhaltigen Nahrungsmitteln gar nicht so groß ist wie bei den sogenannten schnellen Kohlenhydraten (zum Beispiel in Gebäck, Süßigkeiten oder süßen Getränken, aber auch bei einer Tiefkühlpizza), die den Blutzucker schnell nach oben schießen lassen und nach kurzer Zeit wieder Hungergefühl entstehen lassen. Man spürt die Sättigungsgrenze besser.

ESSEN NACH DER FAUSTFORMEL

Unsere Rezepte sind bereits passend portioniert. Wenn Sie nicht danach – sondern schon »freihändig« kochen – empfehlen wir die sogenannte Faustformel:

- Bei **Flüssigkeiten** (zum Beispiel Milch oder Buttermilch oder Joghurt) oder bei Hülsenfrüchten (Erbsen, Linsen oder Bohnen) dürfen es zu jeder Mahlzeit zwei Faustgrößen sein (das sind etwa 600 Gramm).
- Bei **Fleisch, Wurst oder Käse** orientieren Sie sich am besten an der Größe und Dicke Ihrer ausgestreckten Handfläche. Es gibt eine Handfläche pro Essen.
- Beim **Obst** dürfen es zwei Fäuste sein (so viel wie zwei Äpfel).
- Vollkornprodukte, also die **guten Kohlenhydrate**, verteilen Sie auf zwei Handflächen (zum Beispiel bei Brotscheiben) oder zwei Faustgrößen (beim Müsli). Die schlechten sollten – wenn sie überhaupt sein müssen – in der ersten Hälfte des Tages nicht mehr als eine halbe Faust ausmachen.
- Beim **Eiweiß** kommt es auf die Produkte an. Eine Portion Nüsse entspricht Ihrer halben Faust; Quark, Hüttenkäse, Sojaprodukte und Eier ergeben eine ganze Faust.

SCHLANKMACHER EIWEISS

Eiweiß hat in den letzten Jahren kräftig Karriere gemacht. Der Nährstoff gilt mittlerweile als Fettkiller Nummer eins. Er steckt in Eiern, Fisch, Geflügel und Fleisch, Sojaprodukten, Nüssen, Milchprodukten wie Buttermilch, Kefir, Joghurt, Quark, Käse sowie Hülsenfrüchten (Linsen, Bohnen oder Erbsen).

Eiweiß macht satt

Wer zum Beispiel ein Omelett verdrückt, ist danach für lange Zeit zufrieden. Anders als bei Gerichten, die vor allem aus schnellen Kohlenhydraten bestehen, meldet sich der Appetit auf mehr nach einer proteinreichen Mahlzeit nicht so schnell wieder. In der Tagesbilanz bedeutet das: Wer Eier, Fleisch, Fisch, Nüsse oder ungesüßte Milchprodukte isst, kommt rund um die Uhr mit weniger Kalorien aus und nimmt deshalb leichter ab. Und: Plötzliche Heißhunger-Attacken bleiben aus.

Proteine gegen den Jojo-Effekt

Wer kennt das nicht? Da hat man mit viel Mühe ein paar Kilo abgenommen – und kaum ist die Diät vorbei, sind sie wieder da oder vermehren sich sogar. Dieser bekannte Jojo-Effekt wird durch eiweißreiche Mahlzeiten gestoppt. Proteine, wie Eiweiß in der Fachsprache heißt, kurbeln den Stoffwechsel an und halten den Insulinspiegel niedrig, was wiederum dafür sorgt, dass Fett ungestört abgebaut werden kann. Gleichzeitig stärkt Eiweiß das Immunsystem, macht gute Laune und eine glatte, schöne Haut. Zu Recht wird der Power-Nährstoff häufig als Make-up und Hautpflege von innen bezeichnet.

Unterstützung beim Muskelaufbau

Kräftige Muskeln sind wertvolle Helfer beim Abnehmen. Schließlich verbrauchen sie rund um die Uhr Energie. Mit einer Kombination aus pflanzlichen und tierischen Eiweißprodukten ist der Körper gut versorgt.

Wer mit einem knackigen Training (ohne funktioniert's leider nicht) Muskeln aufbauen und Gewicht abbauen will, sollte über den Tag verteilt bis zu 1,5 Gramm Eiweiß pro Kilogramm Körpergewicht zu sich nehmen. Sie finden den Eiweißgehalt einzelner Produkte bei den Nährwertangaben auf der Verpackung und bekommen so eine gute Übersicht. Dabei nicht vergessen, ausreichend zu trinken, vor allem, wenn Sie Sport treiben. Das kurbelt den Stoffwechsel an.

INFO **Wer sich proteinreich ernährt, nimmt leichter ab, ist dabei immer satt und tut gleichzeitig viel Gutes für die Gesundheit. Fitness-Koch Sebastian Benthe setzt deshalb bei seinen Rezepten (ab Seite 43) auf den bewährten Power-Nährstoff.**

Der Clou: Eiweißpulver

Um diese positiven Effekte zu nutzen, kann man die eigene Ernährung nicht nur mit einem schnell zusammengemixten Shake ergänzen, sondern auch bei Koch- und Backrezepten Eiweißpulver einsetzen.

Gemäß den Regeln der »Ich-bin-dann-mal-schlank«-Ernährungsuhr werden zudem die Kohlenhydrate reduziert (siehe Seite 14). Brot und Brötchen, Beilagen wie Nudeln, Reis, Kartoffeln und andere Weißmehlprodukte stehen seltener auf dem Essensplan – und wenn dann nur in geringen Mengen. Von Kuchen oder Süßigkeiten ganz zu schweigen. Das ist oft gewöhnungsbedürftig. Denn damit fallen einige klassische Lieblingsgerichte von der Pizza bis zum Nutellabrötchen weg, beziehungsweise sollten nur noch in Ausnahmefällen auf den Tisch kommen.

Wer auf solche Gerichte nicht verzichten will, kann sie mit geschmacksneutralem, ungesüßtem Proteinpulver, das zum Kochen und Backen geeignet ist, selbst machen. Dabei ersetzt man zum Beispiel einen Teil des Mehls durch Eiweiß in Pulverform. Spezielle »Ich-bin-dann-mal-schlank«-Rezepte, die mit Koch- und Backeiweiß zubereitet werden, sind in diesem Buch mit gekennzeichnet. Da gibt es zum Beispiel die leckeren Aprikosenmuffins (Seite 132), süße und salzige Crêpes (Seite 88 f.) oder Kuchen und Brote mit Koch- und Backeiweiß (Seite 62), die eine tolle Grundlage für verschiedene Aufstriche sind. Außerdem lassen Sie sich prima einfrieren, um bei Bedarf ruck, zuck! auf dem Teller zu landen. Bezugsadressen für Proteinpulver, die zum Kochen und Backen geeignet sind, finden Sie im Anhang auf Seite 176 dieses Buches.

Der perfekte Abnehmhelfer

Ein weiterer Vorteil beim Einsatz von Eiweißpulver: Es hilft vor allem am Anfang einer Umstellung der Ernährungsgewohnheiten über kritische Phasen hinweg. So eine Phase ist beispielsweise der Abend. Wer vom gewohnten Butterbrot auf Gemüse umsteigt, hat anfangs häufig das Gefühl »Ich werde einfach nicht richtig satt«. Das führt dann schlimmstenfalls zum Naschen zu später Stunde oder zum Kühlschrankplündern um Mitternacht. Wird das Abendessen mit Eiweißpulver angereichert, bleibt man länger satt, kommt mit weniger aus und geht zufrieden ins Bett.

Und: Eiweiß gilt nicht nur als Fatburner, sondern tut auch der Seele gut. Es erhöht die Aufmerksamkeit und die Konzentrationsfähigkeit. Um die Stimmungsmacher-Stoffe Dopamin und Serotonin zu produzieren, werden Aminosäuren (die Bausteine der Proteine) benötigt. Eiweißlieferanten halten den Serotoninspiegel (und damit die gute Laune) hoch, lindern Schmerzen, beruhigen die Nerven und fördern einen friedlichen Schlaf.

Fettkiller Eiweiß ist nicht nur gesund, sondern aus eiweißreichen Lebensmitteln lassen sich leckere Gerichte zubereiten.

10 TIPPS FÜR HOBBYKÖCHE

Profikoch Sebastian Benthe macht allen Koch-Einsteigern Mut: Mit ein paar Tricks ist es gar nicht schwer, nach den »Ich-bin-dann-mal-schlank«-Regeln zu kochen und zu backen.

1. Immer schön frisch bitte

Wenn's rundum gesund sein soll, geht nichts über Frisches aus der Region. Sie sollten Gemüse und Obst am besten dann kaufen, wenn es Saison hat. Dann liegt es nicht lange im Supermarktregal herum, verliert keine wertvollen Inhaltsstoffe, hat keine weiten Transportwege hinter sich und landet ohne Zusatz- oder Konservierungsstoffe im Einkaufskorb – und dann so bald wie möglich auf dem Tisch.

2. Erst waschen, dann zerkleinern

Ob beim Zubereiten von Salat, Obst oder Gemüse – damit möglichst viele Vitalstoffe erhalten bleiben, gilt: Erst sanft waschen, dann klein schneiden. Salatblätter können Sie trocken schleudern, dann verteilt sich das Dressing besser. Bevor es in den Topf kommt, sollte Gemüse in möglichst kleine Stücke zerteilt und mit wenig Wasser nur bissfest (nicht zu weich) gekocht werden. So gart es kürzer und deutlich vitaminschonender.

3. Das richtige Fett hält fit

Aus der schlanken Küche muss Fett nicht grundsätzlich verbannt werden. Viel wichtiger: Verwenden Sie hochwertige Fette, die reich an Omega-3-Fettsäuren oder Ölsäure sind und deshalb herzschützende Wirkung haben. Gute Öle sind zum Beispiel Oliven-, Raps-, Lein- oder Walnussöl. Meiden sollten Sie Sonnenblumen-, Distel-, Maiskeim- und Palmöl.

4. Mach's leichter: Ei statt Sahne

Beim Backen und Braten kommen Sie mit weniger Fett aus, wenn Sie Backpapier und antihaftbeschichtete Pfannen verwenden. Zum Lightbacken eignet sich häufig Quark statt Sahne, Dickmilch statt Butter oder saure Sahne statt Crème fraîche. Auch in Soßen können Quark oder Frischkäse den Instant-Soßenbinder ersetzen. Geschlagenes Eiweiß macht Desserts genauso fluffig wie Schlagsahne.

5. Gesund aufpimpen mit Käse

»Gemüse ist ja gut und schön, aber mir schmeckt das einfach nicht und satt werde ich davon auch nicht«. Klar, die gesunden Kracher gehen anfangs nun mal nicht so leicht herunter wie die gewohnten Pommes, Pizza und Pasta. Doch geschmacklich lässt sich mit einer kleinen Maßnahme viel erreichen: Überbacken Sie Bohnen, Möhren und Co. einfach mit Frischkäse in der Lightversion.

6. Abkürzung per Schnellkochtopf

»Wenn Kochen bloß nicht so lange dauern würde«, heißt es häufig. Keine Sorge: Ewig erscheinende Garzeiten lassen sich mit einem Schnellkochtopf abkürzen. Die sind zwar etwas gewöhnungsbedürftig, aber sehr wirksam – auch zum schnellen Auftauen von Tiefkühlgemüse. Das Garen geht fast doppelt so schnell und spart auch noch Energie.

7. Dampfgaren für mehr Geschmack

So richtig knackig wird das Gemüse bei Ihnen nicht? Dann probieren Sie es mal mit Dampfgaren. Schonender geht's nicht. Kein Aroma verwässert, das Gemüse bleibt in Form. Sie müssen dafür nicht sofort ein topmodernes, kostspieliges Gerät für die Küche kaufen. Ein Siebeinsatz im Kochtopf genügt.

8. Weniger ist mehr: Bio bitte

Artgerechte Tierhaltung, ökologischer Anbau von Getreide, Gemüse und Obst, klimafreundliche Verarbeitung, weniger Schadstoffe in den Produkten und natürlicher Geschmack – jeder fünfte Deutsche kauft Bioprodukte, die es inzwischen auch in Discountern gibt. Vor allem für den Fleischkonsum gilt bei der »Ich-bin-dann-mal-schlank«-Methode, bei der eine gute Qualität der Zutaten für beste Genusserlebnisse sorgt: lieber weniger, dafür aber Bio.

9. Schnell und energiesparend

Rund um Herd und Spüle muss man weder Zeit noch Energie verschwenden. Achten Sie darauf, dass Sie grundsätzlich in Töpfen mit Deckeln kochen und garen (am besten aus Glas, da kann man hineingucken, ohne dass Wärme entweicht) und für jede Topf- oder Pfannengröße die passende Platte verwenden. Heißes Wasser wird im Wasserkocher schneller und mit weniger Stromverbrauch bereitet.

10. Pfannengerichte: erst heiß machen

Damit in der Pfanne beim Braten nichts schief geht: Ist sie aus Gusseisen oder Edelstahl, sollte sie erst erwärmt werden. Danach können Sie dann das Fett hineingeben. Nur bei antihaftbeschichteten Pfannen kommt das Fett sofort hinein, weil sonst die Beschichtung beschädigt werden könnte. Um Kratzer in der Beschichtung zu vermeiden, sollte es ein Pfannenwender aus Kunststoff oder Silikon sein.

GESUND UND ABWECHSLUNGSREICH

Fette Soßen mit Geschmacksverstärkern oder eine Extraportion Mayonnaise? Um das Essen geschmacklich etwas aufzupeppen, müssen nicht immer gleich zusätzliche Kalorien auf dem Teller landen. Wer geschickt mit frischen Kräutern oder Gewürzen umgeht und ein paar Tricks kennt, kocht nicht nur gesünder, sondern auch abwechslungsreicher.

- **Gewürze:** Scharfmacher wie Cayennepfeffer, Currypulver, schwarzer oder weißer Pfeffer oder auch frische oder getrocknete Chilischoten gehören in jede Küche.
- **Kräuter:** Petersilie & Co. schmecken frisch am besten und halten als Bund im Wasserglas ein bis zwei Tage. Hobbygärtner (oder die, die es werden wollen) kaufen Kräutertöpfchen im Supermarkt, pflanzen sie zu Hause in größere Töpfe und ziehen sie auf der Fensterbank.
- Ein **Schuss Zitrone** verfeinert Salatsoßen, Dips, Suppen und Gebackenes und dient außerdem als gesunder Salzersatz.
- **Dosentomaten** sind besser als ihr Ruf und durchaus gesund. In der Konserve kommen sie bereits fertig geschält und gehackt ins Haus und sind für eine schnelle Tomatensuppe oder -sauce im Winter gut geeignet.
- **Knoblauch** (wirkt als ganze Zehe mild, gehackt wird's scharf) gibt Soßen, Gemüse oder Gebratenem mediterranen Pfiff.
- **Zwiebeln** gehören ebenfalls zu den Zutaten, mit denen man prima aufpeppen kann. Wichtig: Sie müssen frisch und saftig sein.
- **Mit Gemüsebrühe** hat man immer eine gute Basis für viele Gerichte. Am besten schmeckt sie selbst gemacht. Eingefroren in kleine Portionen ist sie schnell greifbar. Gemüse erst in Öl andünsten, dann Wasser aufgießen, salzen, Kräuter hinzugeben, zugedeckt köcheln lassen, die Suppe durch ein Sieb gießen und die Brühe mit Salz und Pfeffer abschmecken.

JETZT KOCHE ICH SELBST – DAS BRAUCHE ICH DAZU

Es ist nicht viel, doch ein paar Dinge müssen sein, wenn man beim Kochen nicht ständig improvisieren will. Zur kleinen Küchen-Grundausstattung gehören folgende Basics:

Bretter zum Schneiden Ob aus Holz oder aus Polyäthylen – Schneidebretter nehmen häufig den Geruch an, den Zwiebeln & Co. beim Zerkleinern hinterlassen. Deshalb sollten Sie verschiedene haben: Eines für Obst, eines für Gemüse und ein großes zum Schneiden von Brot oder Fleisch.

Dosenöffner Klar, man kann eine Dose mit Schere, Messer, Gabeln und allerlei Tricks aufkriegen. Doch das ist gefährlich. Deshalb gehört auch ein Dosenöffner in die Küche. Am sichersten sind die mit zwei Griffen, bei denen ein Rad in den Dosenrand gedreht und rund um die Dose bewegt wird, bis man den Deckel problemlos abnehmen kann.

Küchensieb Praktischerweise sollten Sie zwei haben: Ein großes, in dem man Nudeln abtropfen lässt, Salat und Gemüse wäscht, und ein kleines feinmaschiges zum Beispiel zum Mehl sieben oder zum Abgießen von Reis.

Messbecher aus Glas oder Kunststoff zeigen auf einer Skala genau an, wie viel Haferflocken, Flüssiges, Mehl, Zucker oder Grieß im Becher ist. Er sollte einen Liter fassen und kann in vielen Bereichen die Küchenwaage ersetzen.

Messer Hier sollten Sie nicht das große Messerset zum Billigpreis kaufen, sondern auf die Qualität achten. Stumpfe Messer können einem nicht nur die Gerichte verderben, sondern auch den Spaß am Kochen. Ein großes Brotmesser, ein Kochmesser, eins für Fleisch, eins, das für Tomaten geeignet ist, und ein kleines für Gemüse und Obst gehören zur Ausstattung. Zum Schälen eignet sich ein Sparschäler besser als ein Messer.

Mixer Zerkleinern, zusammenbringen, pürieren oder mahlen – zum Mixen gibt es verschiedene Geräte. Beim Backen kommt der Handrührer zum Einsatz. Er schlägt Teig, Sahne oder Eiweiß. Wer mit dem Stabmixer direkt in den Kochtopf oder in einen hohen Rührbecher hineinpüriert, kann sich das Umfüllen in ein großes Mixgerät mit auswechselbaren Einsätzen sparen. Vorsicht ist bei flachen Gefäßen geboten, da spritzt das Gemüse beim Zerkleinern mit dem Zauberstab schnell gegen die nächste Wand. Der Schneebesen macht Gerichte leicht und locker.

Pfannenwender Mit einem Wender aus Silikon klappen nicht nur Pfannengerichte besser. Die praktische Gerätschaft verhindert auch, dass die Pfanne Kratzer von Messern oder Metallwendern bekommt.

Reibe Damit lassen sich verschiedene Formen schneiden. Die Küchenreibe bietet feine und grobe Flächen – je nachdem, ob Gurken in dünne Scheiben geschnitten oder Möhren in kleine Stücke zerlegt werden sollen. Eine Standreibe mit vier Flächen ermöglicht die meisten Reibearbeiten. Damit lässt sich zum Beispiel auch Parmesan raspeln.

Töpfe und Pfannen Meistens kommt man mit einem großen und einem kleinen Kochtopf aus. Ein dritter (der kann ruhig klein sein) ist praktisch, wenn Sie beispielsweise Soßen extra zubereiten wollen. Um nicht unnötig Energie zu verbrauchen, sollte der Boden dick sein und fest auf der Herdplatte stehen. Zu jedem Topf gehört ein Deckel (am besten aus Glas, damit man ihn beim Topfgucken nicht jedes Mal öffnen muss). Zum Braten reichen zwei Pfannen – ebenfalls in unterschiedlichen Größen und haftbeschichtet, damit nichts anbrennt.

Wasserkocher Den braucht man nicht nur fürs Teewasser. Er arbeitet schneller und energiesparender als die Herdplatte, wenn beim Kochen heißes Wasser her muss.

AUF SCHATZSUCHE IM SUPERMARKT

Besser essen beginnt beim Einkaufen. Wer seine Ernährung umstellen will, muss meist auch die Shopping-Gewohnheiten verändern. Die Ökotrophologin Antje Klein erklärt, worauf Sie zwischen Obst- und Gemüseabteilung und Frischetheke achten sollten.
Nahrungsbeschaffung ist heute mit wenig Aufwand verbunden. Anders als unsere Vorfahren müssen wir kaum noch Energie verbrauchen, um regelmäßig satt zu werden. Nicht mehr als zweihundert Kalorien werden abgearbeitet, um beim modernen Großeinkauf bis zu zehntausend zu beschaffen. Wir brauchen nicht mehr zu jagen und nicht mehr stundenlang nach Essbarem zu suchen, um zu überleben. Stattdessen fahren wir einfach vor – mit dem Auto auf den Parkplatz direkt neben die Einkaufswagen und bedienen uns.

Das ist einerseits sehr praktisch. Hat aber andererseits verhängnisvolle Folgen: Wir werden immer dicker. Denn wenn wir erst einmal mittendrin sind im Einkaufsparadies, werden wir an jeder Ecke zum Mehrkaufen verführt. Ob durch entsprechende Beleuchtung, Musik, Farben, Temperatur, Sonderangebote und unzählige Glücks- und Gesundversprechen – Supermarktstrategen überlassen nichts dem Zufall, damit der Kunde möglichst viel Geld ausgibt. Der Verbraucher soll nach Lust und Laune kaufen und seine guten Vorsätze (zum Beispiel: »Heute nehme ich mal nur etwas Gesundes mit«) vergessen.

RICHTIG PLANEN

Um dennoch schlank durch die Einkaufsfallen zukommen, sind ein eiserner Wille und ein guter Plan gefragt. Wer sich schon beim Einkaufen an die »Ich-bin-dann-mal-schlank«-Regeln halten will, orientiert sich am besten grob an der Ernährungsuhr (siehe Seite 14): In den Einkaufswagen kommt viel frisches Obst und Gemüse, zahlreiche naturbelassene Eiweißprodukte, etwas weniger gute Kohlenhydrate aus Vollkorn und ganz wenig Schlechtes aus der Zucker-Weißmehl-Süßigkeiten-Gruppe (siehe Seite 13).

Obst und Gemüse: ruhig zugreifen

In den meisten Supermärkten geht es gut los: Gleich am Anfang des Rundgangs liegt die Frischezone. Alles, was man dort unverpackt und ohne überdimensionierte Werbebanner findet, ist tatsächlich gesund und passt perfekt in die schlanke Küche. Hier kann man sich ruhig ein bisschen aufhalten und das Beste aus dem zumeist reichhaltigen Angebot herauspicken: Frisches aus der Region, Bioware und saisonal geerntet. Die Auswahl erfolgt dann ganz nach Geschmack. Bei Obst und Gemüse sitzen die wertvollsten Nährstoffe in der Regel unter der Schale. Deshalb sollten Sie die möglichst mitessen. Faustregel: Ist die Schale dick, hart, wie gewachst oder sind viele Druckstellen darauf, kommt der Sparschäler zum Einsatz. Wenn Sie die Obst- und Gemüseabteilung verlassen haben, sollte Ihr Einkaufszettel schon fast bis zur Hälfte abgearbeitet sein.

Eier und Milchprodukte für den Kühlschrank

Hühnereier sind prima Basics für zahlreiche Rezepte und machen auch allein schön satt. Über das Zutatenregister, Seite 171, finden Sie unsere Rezeptideen zu Gerichten mit Ei. Mit ein paar Eiern im Kühlschrank sind Sie für alle Fälle und auch gegen Heißhungerattacken gewappnet. Frisch sollten sie sein (das Mindesthaltbarkeitsdatum steht auf der Verpackung) und aus artgerechter Tierhaltung stammen. Ein Stempel auf dem Ei verrät seine Herkunft (wie man das liest, können Sie unter www.was-steht-auf-dem-ei.de nachlesen; Eier ohne Stempel sollten Sie meiden).

Bei den Milchprodukten sind die fettarmen und zuckerfreien Vertreter die wahren Schätze. Ob Quark, Käse, Joghurt, Dickmilch oder Kefir – Eiweißhaltiges sollte mehrmals am Tag auf den Teller. Das Problem dabei liegt für viele im Geschmack. Ein Himbeerjoghurt sieht zwar gesund aus, enthält aber häufig nur wenig echte Früchte, dafür aber viel Zucker und künstliche Aromen. Am besten schnippeln Sie sich selbst frisches Obst in Quark, Joghurt & Co. – das bringt zusätzlich Vitamine und richtig viel Geschmack.

Fleisch und Geflügel

Auch Fleisch zählt zu den Eiweißlieferanten – den höchsten Proteinanteil hat mageres Geflügel von Pute oder Hähnchen. Davon muss man gar nicht viel kaufen. Greifen Sie lieber seltener dazu, dafür sollte es immer aus artgerechter Tierhaltung stammen und lieber bio als billig sein. Und auch hier greifen Sie am besten zum Original frisch von der Theke, also unpaniert und nicht wochenlang in irgendwelchen Marinaden haltbar gemacht. Ein alltagstaugliches Motto: Wir essen Gemüse mit Fleisch und nicht Fleisch mit Gemüse.

Getreide und Backwaren

Viele Zuckermüslis sind nicht besser als Süßigkeiten: Ob Müsli oder sogenannte Cerealien – in der Frühstücksecke sieht auf den ersten Blick alles kernig und gesund aus. Doch auch das, was sich mit tollen Namen wie »Fitness«, »Vital« oder »Wellness« schmückt, muss nicht unbedingt gut sein. Die schlechten Müslis entlarvt man am besten mit einem Blick auf die Zutatenliste. Steht Zucker oder Mais, der im Körper auch schnell zu Zucker (Glukose) verarbeitet wird, dort an erster, zweiter oder dritter Stelle, handelt es sich bei den Körnern eher um Süßigkeiten als Fitmacher.

WICHTIG: Das Wort Vollkorn sollte ganz oben auf der Zutatenliste stehen. Das gilt auch für Brote. Am besten sind Brote, die mehr Vollkorn und weniger Weißmehl enthalten. Leinsamen liefert gute Ballaststoffe. Und vorbildlich ist Pumpernickel aus geschrotetem Roggenvollkorn und mit Wasser gebacken. Wer lieber helles Brot mag, ist mit Dinkelvollkornbrot gut bedient.

Gesunde Kohlenhydrate

Auf klassische Beilagen, wie Kartoffeln, Klöße, Nudeln oder Reis muss bei der »Ich-bin-dann-mal-schlank«-Methode niemand verzichten. Sie werden hier jedoch reduziert. Dabei immer daran denken: Beilagen enthalten viele Kohlenhydrate und gehören daher nicht ins Abendprogramm. Bei Nudeln und Reis wählen Sie fürs Mittagessen jeweils die Vollkorn- und Natursorten und peppen so Ihre Beilagen auf. Kartoffeln kommen am besten kurz gegart (zum Beispiel als Pellkartoffeln) auf den Tisch. Wer es etwas exotischer mag, kauft mal Amaranth, Couscous oder Bulgur und hat damit auch für Abwechslung gesorgt.

Übrigens: Unter jede Beilagenportion lässt sich ein bisschen Gemüse mischen. Dazu passt mageres Fleisch. Nur Fett-Kohlenhydrat-Kombinationen (zum Beispiel: Nudeln mit Sahne- oder Käsesoßen) sollten Sie mit Rücksicht auf die schlanke Linie meiden.

Meist in der Nähe der Reis-Nudel-Regale finden Sie übrigens prima Alternativen: Das tolle Trio Bohnen, Linsen und Erbsen lässt sich zu Hause lange lagern und passt perfekt in die »Ich-bin-dann-mal-schlank«-Küche. Hülsenfrüchte haben einen äußerst hohen Eiweißanteil, enthalten hochwertige Ballaststoffe und halten lange satt.

Die richtigen Fette – wenig und hochwertig

Welches Fett ist am besten? Das kommt darauf an, zu welchem Zweck Sie es verwenden möchten. Die schlechtesten Fette sind sogenannte Transfettsäuren, die beim Härten und Verarbeiten von Pflanzenfetten entstehen. Sie stecken vor allem in »Leckerschmeckern« wie Kartoffelchips, Pommes frites oder Blätterteig, schädigen Herz und Gefäße, schwächen das Immunsystem und fördern Diabetes. Wenn auf der Verpackung »gehärtetes Fett« oder »pflanzliches Fett, zum Teil gehärtet« steht, sollten Sie gar nicht erst zugreifen.

Am besten halten Sie sich bei der Auswahl von Fetten und Ölen an die Devise: Wenig, aber hochwertig. Gute Fette haben einen besonders hohen Anteil an Omega-3-Fettsäuren. Dazu gehören zum Bespiel Lein-, Walnuss-, Raps-, Soja- und Weizenkeimöl. Wir empfehlen auch Olivenöl wegen seines hohen Anteils an herzschützender Ölsäure (sogenannte einfach ungesättigte Fettsäuren). Wichtig bei diesen Ölen ist, dass sie aus einer Kaltpressung kommen, d. h. ihre Inhaltsstoffe bleiben bei der Produktion erhalten.

Reduziert genießen

Die Abteilungen mit Süßigkeiten und Genussgetränken können Sie theoretisch einfach auslassen. Praktisch ist das aber nicht so ganz leicht. Denn ohne Naschen und ohne ein Glas Wein oder Bier kommt kaum jemand aus. Also betreiben Sie lieber vernünftige Schadensbegrenzung als totalen Verzicht.

- **Süßigkeiten:** Statt die klassischen Dickmacher tütenweise zu vertilgen, versuchen Sie es mal mit Bitterschokolade (davon gibt es auch verschiedene Sorten mit großen Geschmacksunterschieden), wenn der Süßhunger kommt. Oder Sie greifen zu Nüssen, wenn's etwas zum Knabbern sein soll. Wenn Sie die Kaulust übermannt, helfen auch Trockenfrüchte. Wenn Sie andere geschmackliche Lieblinge haben, auf die Sie keinesfalls verzichten möchten, gönnen Sie sich morgens oder mittags jeweils ein bisschen davon – und zwar am besten direkt nach dem Frühstück oder nach dem Mittagessen. Der Vorteil: Zu diesen Zeitpunkten sind Sie von der Hauptmahlzeit schon so satt, dass Ihnen das Aufhören nicht so schwerfällt. Die Gefahr, dass aus einem Stück Schokolade eine halbe Tafel wird, ist dann nicht mehr ganz groß.
- **Getränke:** Ob Multivitamin oder Orangensaft – auch wenn diese Getränke gesund aussehen, sind sie es nicht. Es stecken zu viel Zucker und zu viele Kalorien drin. Zum Durstlöschen sind Wasser und ungesüßte Kräutertees unschlagbar (siehe auch Seite 17). Zwei bis drei Tassen Kaffee ohne Zucker pro Tag sind sogar gesund. Beim Alkohol hilft nur Maßhalten, denn der blockiert die nächtliche Fettverbrennung. Faustregel: Ein Gläschen Wein darf sein. Eine Flasche ist zu viel.

KLEINES FRISCHE-ABC

Ananas Wenn der Boden süß duftet und die Blätter sich leicht herauszupfen lassen, ist alles okay.

Äpfel fühlen sich fest an und duften aromatisch. Bei Bio-Äpfeln darf das Obst auch Macken haben, dann einfach mit dem Sparschäler wegschneiden.

Birnen verschrumpeln am Stielansatz, wenn sie nicht mehr frisch sind. Sie sollten fest, aber nicht hart sein.

Blattsalate dürfen nicht welk aussehen. Im Kühlschrank bleiben sie länger frisch, wenn man sie mit Luft in einen Plastikbeutel steckt.

Blumenkohl, Brokkoli, Rosenkohl, Lauch und Kohlrabi haben grüne Blätter. Sind die schlaff, gelblich und welk, ist das Gemüse alt und sollte nicht verzehrt werden.

Champignons haben geschlossene Lamellen und keine Flecken.

Frischer Fisch hat klare Augen. Drückt man auf den Bauch, darf kein Abdruck entstehen. Er duftet nach Seewasser, die Haut glänzt, das Fleisch ist fest, die Schuppen liegen an und die Kiemen sind rot.

Kirschen, Erd- und Himbeeren sind prall. Überreif werden sie leicht matschig. Zu früh geerntete Erdbeeren erkennt man an hellen Spitzen. Am besten schmecken Erdbeeren aus der Region von Mitte Mai bis Ende Juli.

Möhren und Zucchini dürfen nicht weich sein und sollten knackig und ohne braune Flecken sein. Bundmöhren bleiben im Kühlschrank länger frisch, wenn man das Grünzeug vorher entfernt.

Nüsse haben mehr Aroma, solange sie noch ganz sind. Der sogenannte Schütteltest verrät, ob der Inhalt einer Packung okay ist. Wenn's beim Schütteln klappert, sind die Nüsse alt und eingetrocknet.

Orangen verlieren mit dem Älterwerden an Saft und Gewicht. Frische Früchte wiegen deutlich mehr.

Pinienkerne eignen sich gut als Topping für Salate. Kühl und trocken gelagert halten sie am besten – zum Beispiel in einem Schraubglas mehrere Tage im Kühlschrank.

Salatgurken sollten dunkelgrün und fest sein. Zu weiche schmecken bitter. Beim Einkaufen ist Anfassen erlaubt. Da die Gurken kälteempfindlich sind, gehören sie nicht in den Kühlschrank.

Spargel Das leckere Frühjahrsgemüse quietscht, wenn man die Stangen aneinanderreibt und hat geschlossene Spitzen, solange er frisch ist.

Sprossen gibt's meist abgepackt in gut sortierten Supermärkten. Sie verderben schnell; deshalb ungedingt auf das Mindesthaltbarkeitsdatum achten.

Tomaten sind frisch, wenn sie intensiv duften. Sie eignen sich nicht zum Einfrieren. Im Winter kann man auch sehr gut auf Dosentomaten umsteigen.

Zucchini müssen fest und grün sein. Im Kühlschrank ist es ihnen zu kalt. Am besten werden Zucchini an einem dunklen Ort in der Speisekammer bei Temperaturen zwischen 12° und 15° aufbewahrt.

VORSICHT VOR VERFÜHRUNGEN

Wer weniger und dafür besser einkaufen will – also ganz im Sinn des »Ich bin-dann-mal-schlank«-Konzeptes –, sollte nicht auf Werbetricks hereinfallen. Mit ein paar einfachen Maßnahmen ist das leicht zu schaffen, garantiert!

1. Mit Plan und vollem Magen

Spontan aufbrechen, um einfach etwas Essbares zu kaufen und große Tüten nach Hause zu tragen, damit man nicht so schnell wieder los muss – das ist gefährlich. Vor allem, wenn der Magen leer ist und der Hunger einen in den Supermarkt treibt, landet meist viel Ungesundes erst in den Taschen, später auf dem Tisch und schließlich im Bauch. Essen Sie deshalb vorher einen Becher Naturjoghurt oder trinken Sie ein großes Glas Wasser. Das füllt den Magen. Besser klappt's mit festen Ernährungsplänen. Schreiben Sie sich regelmäßig einen Einkaufszettel, bei dem Sie das »Ich-bin-dann-mal-schlank«-Prinzip berücksichtigen. Sie können zum Beispiel einmal in der Woche die gut haltbaren Basics kaufen und diese zwischendurch noch durch ein- oder zweimalige Einkäufe mit frischem Obst und Gemüse ergänzen.

2. Ohne Geldkarte und ohne Wagen

Plastikgeld macht dick. Das fanden amerikanische Forscher heraus, die Käufer beim Bezahlen beobachteten. Wer nicht ins »Barfach« des eigenen Portemonnaies greifen muss, kauft automatisch mehr. Denn das Bezahlen mit Karte tut nicht so weh, weil es einfach nicht so richtig sichtbar ist. Kann man beim Kartenzahlen dann auch noch Treuepunkte sammeln, sinkt die Hemmschwelle zum Mehr-Kaufen noch schneller. Überdimensionierte Einkaufswagen sind zwar praktisch, weil sie viel aufnehmen, verführen aber ebenfalls zum Mehr-Kaufen. Deshalb am besten nur zum Großeinkauf nach Einkaufsliste losziehen und die kleinen Einkäufe zwischendurch mit einem kleineren passenden Körbchen erledigen.

3. Augen auf beim Schnäppchenkauf

Jetzt billiger! Zwei zum Preis von einem. Neu in der Großpackung – bei solchen Angeboten sollten Sie skeptisch bleiben. Brauchen Sie wirklich zwei Tafeln Schokolade? Ist ein Produkt tatsächlich billiger, oder ist am Ende dann auch weniger drin? Supermarkt-Ausstatter setzen auf Bequemlichkeit und platzieren das, was gekauft werden soll, in Augenhöhe. Die preiswerten Dinge liegen oft ganz unten. Da lohnt es sich durchaus einmal, genauer hinzusehen und auch einmal in die Hocke zu gehen.

4. Vorsicht Warteschlange

Je länger wir aufs Bezahlen warten müssen, desto mehr Überflüssiges landet im Einkaufswagen. Die sogenannte Quengelzone vor der Kasse ist nicht nur für Kinder verführerisch. Ob Kaugummi, Mini-Schokolade, Knabberkram oder andere Nettigkeiten – weil »was Kleines« immer noch in den Wagen passt, werden Produkte kurz vor der Kasse bis zu zehn Mal häufiger verkauft als an strategisch ungünstigeren Orten im Supermarkt. Meiden Sie deshalb lange Wartenschlangen, und gehen Sie einkaufen, wenn es nicht zu voll ist. Am Vormittag ist die meiste Ware übrigens zudem am frischesten.

INFO Sie wollen sich noch mehr schlau machen zum Thema gesunde, schmackhafte Lebensmittel. Im Internet gibt es ein paar sehr gute Infoseiten:
www.foodwatch.de entlarvt Werbelügen und besonders dreiste Verkaufs-Tricks.
www.stiftungwarentest.de liefert aktuelle Produkttests zum Thema Essen und Trinken
www.greenpeace.de Was kann man unter ökologischen Gesichtspunkten noch kaufen?

5. Frisches aus dem Froster

Keine Zeit zum Schippeln? Macht nichts, denn wertvolle Vitamine gibt's auch mundgerecht zugeschnitten aus der Tiefkühltruhe.

Ob Gemüse oder Obst – der Weg vom Feld bis auf den Tisch wird durch Gefrieren verkürzt, und die Vitamine bleiben zum Großteil erhalten. Denn alles, was für die Tiefkühlabteilung gedacht ist, wird genau dann geerntet, wenn der Nährstoffgehalt der Lebensmittel am größten ist. Auch Fisch und Fleisch aus der Kälte lässt sich prima frisch auf den Tisch bringen. Achten Sie beim Kauf auf die Zutatenliste. Naturrein und ohne Zusatzstoffe sind alle Tiefkühlprodukte besser und vor allem schmackhafter als mit Fertigsauce, Sahne oder Marinade.

6. Kalte Snacks für die Pause

In der Mittagspause mal schnell in den Supermarkt flitzen, um preiswert satt zu werden? Das endet häufig bei den Schokocroissants im Backshop und ist alles andere als gesund. Zum Glück gibt's Alternativen für den kleinen Hunger. Wie wäre es zum Beispiel mit: einem Vollkornbrötchen mit Frischkäse und Tomaten, einer Handvoll Nüsse und einem Apfel dazu Oder: Eine Salatwürzmischung in einen Becher Hüttenkäse rühren, auf eine Scheibe Putenbrust (oder Käse) streichen und einrollen. Ob Gurke, Paprika oder Tomaten – alle Gemüse können Sie in Stücke schneiden und in Kräuterquark dippen.
Schmeckt auch zwischendurch: Eingelegtes Gemüse wie Auberginen, Zucchini, Pilze oder Oliven mit Frischkäse.

7. Einkaufen mit Fitnessfaktor

Machen Sie es sich nicht zu leicht und verbinden Sie die Einkaufstour mit ein bisschen Fitnesstraining. Wenn die Entfernung es zulässt, radeln Sie zum Supermarkt statt ins Auto zu steigen. Oder Sie tragen Ihre »Beute« zu Fuß nach Hause (das schützt übrigens auch vor dem zu viel Kaufen).

KLEINE TRICKS MIT GROSSER WIRKUNG

Hier finden Sie Antworten auf die wichtigsten Fragen, die im Zusammenhang mit der »Ich-bin-dann-mal-schlank«-Methode häufig gestellt werden:

Wie kann ich den kleinen Naschhunger am Abend verhindern?
Schaffen Sie Ersatz und verändern Sie damit Ihre Gewohnheiten. Statt auf Chips und Flips knabbern Sie Möhren, Gurken oder Kohlrabi – zum Beispiel mit einem Joghurt- oder Frischkäse-Dip. Ein Eiweiß-Shake, langsam und mit Genuss gelöffelt, kann ebenfalls die Naschlust bremsen. Und selbst wenn dann noch Lust auf Süßes bleibt, werden Sie mit weniger auskommen.

Woran erkenne ich, ob schlechte Nährstoffe in der Verpackung stecken?
Lesen Sie die Zutatenliste. Ob reichlich Zucker, Mais, Weizen- oder Roggenmehl, Konservierungsmittel oder Geschmacksverstärker – das Kleingedruckte auf der Verpackung verrät, was darin enthalten ist. Grobe Orientierung: Je weniger zugesetzt wurde, desto besser. Kurze Listen mit bis zu fünf Bestandteilen sind okay.

Ich esse oft aus Langeweile. Was hilft?
Noch eine lange Stunde bis zur Mittagspause? Da käme ein bisschen Abwechslung gerade recht. Wie wäre es zum Beispiel mit Essen? Häufig ist es nur die Langeweile und nicht der Hunger, die einen auf der Suche nach etwas Essbarem zum Kühlschrank treibt. Dann gilt: Ein großes Glas Wasser oder ein Kaffee ohne Zucker (auch ein Milchkaffee) hilft ebenfalls. Probieren Sie es mal. Sie werden staunen, wie gut das funktioniert.

Morgens richtig frühstücken – das schaffe ich garantiert nicht.
Wer früh morgens so gar nichts Festes kauen mag oder zu den Frühstücksverweigerern gehört, ist mit einem schnellen Eiweiß-Shake gut bedient. Der kann schluckweise getrunken und mit frischen Früchten und ein paar Löffeln Haferflocken gesund aufgepeppt werden.

Ich vermisse mein Butterbrot, wenn ich auf Kohlenhydrate verzichte.
Dann essen Sie ruhig mal zwischendurch eins, kombinieren es aber nicht mit Fett. Nur mit fettreduziertem Frischkäse bestrichen, macht ein Vollkornbrot schlanker als in der Brot-Butter-Marmeladen-Kombination.

Wenn ich einmal gesündigt habe, gebe ich gleich ganz auf.
Betrachten Sie kleine Fehltritte oder auch den einen oder anderen Rückschlag nicht als totales Versagen, sondern gleichen Sie sie einfach später wieder aus. War's zum Beispiel am Morgen zu viel, gibt's mittags nur einen Salat oder eine Portion Gemüse. Fiel der Nachmittags-Snack zu üppig aus, begnügen Sie sich abends mit einer Suppe. Und wenn Sie abends mal so richtig über die Stränge schlagen, reduzieren Sie am Folgetag die Kohlenhydrate und erhöhen das Eiweiß. Danach machen Sie einfach weiter.

Warum soll ich nicht zu Light-Produkten greifen, um Kalorien zu sparen?
Erstens verführen die zum Mehressen (»Ist ja light, da darf ich ruhig mehr«). Zweitens sind diese Produkte häufig Schummelpakete. Das Weniger an Fett wird oft durch Zuckerzusätze geschmacklich wieder herausgeputzt. So steigen Blutzucker und Insulin, was wiederum Lust auf mehr macht.

Wenn ich mit dem Essen erst einmal angefangen habe, finde ich kein Ende.
Benutzen Sie kleinere Teller. Studien beweisen, dass wir automatisch weniger essen, wenn der Teller schneller leer ist. Versuchen Sie außerdem, Langsam-Esser zu werden. Das funktioniert mit dem sogenannten Kaujogging verblüffend gut: Der Kiefer wird bei jedem Bissen dreißigmal auf und ab bewegt. Am Anfang ist das schwer, denn wir schlingen meist zu schnell. Doch es schärft das Bewusstsein.

Ich mag keine Getränke ohne Zucker. Was hilft?
Pures Wasser schmeckt Ihnen nicht? Kaffee ohne Zucker ist undenkbar? Machen Sie sich klar, dass vieles Gewohnheit ist und sich ändern lässt. Wir empfehlen den langsamen Entzug. Der klappt meist besser als eine radikale Umstellung. Statt zwei Löffel, geben Sie eine Woche lang nur noch einen Löffel Zucker in die Tasse; danach nur noch einen knappen, dann einen halben und schließlich gar keinen mehr. Auch von süßen Säften können Sie sich auf ähnliche Weise entwöhnen. Verdünnen Sie puren Saft anfangs mit wenig Wasser, dann mit etwas mehr, bis Sie schließlich mit nur noch einem Spritzer Saft als Geschmacksverstärker im Wasserglas auskommen.

Aus Zeitgründen kann ich nicht auf Fertiggerichte verzichten.
Fertiggerichte sind häufig Dickmacher und mit Stoffen angereichert, die zwar prima schmecken, aber gesundheitlich bedenklich sind und dazu verführen, dass man mehr isst als einem gut tut. Sie sollten nur im Ausnahmefall auf den Tisch und dann gesund aufgepimpt werden: Die Pizza Margherita kann man selbst mit Frischem belegen, die Tütensuppe mit Gemüse ergänzen.

Wenn es schnell gehen muss, ist Tiefkühlgemüse (ohne Sahne, Sauce oder Marinade) eine gute Wahl. Es ist oft sogar besser als frisches Gemüse aus dem Supermarkt, da es geerntet wird, wenn es den höchsten Nährstoffgehalt hat und direkt danach schockgefroren wird.

Was sind gute Snacks für zwischendurch?
Ein Knäckebrot, ein paar Nüsse (Walnüsse zum Beispiel sind zwar kalorienreich, enthalten aber Eiweiß und gesunde Fette, die wiederum bei der Fettverbrennung helfen), ein Naturjoghurt oder ein Stück Käse eignen sich als Snacks. Am Vormittag gehen auch Äpfel und anderes Obst, nachmittags eher Rohkost.

Was soll ich denn im Restaurant essen?
Genauso wie zu Hause können Sie auch unterwegs beim Mittag- und Abendessen auf die so genannten Sättigungsbeilagen verzichten. Das heißt, Sie bestellen Fleisch-Salat- oder Gemüse-Fleisch-Kombinationen ohne Reis, Kartoffeln, Knödel oder Nudeln. So wird ein normales Essen zum Schlank-Gericht.

Nur mit einem Salat werde ich nicht satt.
Peppen Sie ihn mit Eiweißhaltigem auf: Putenbrust, Garnelen, Forelle, Frischkäse, Sprossen, Linsen, Tofu, Mozzarella, Schafkäse oder Kochschinken. Auch Nüsse oder gekochte Eier passen zu vielen Salaten.

INFO Naschkatzen aufgepasst: Sie möchten sich ein Stückchen Torte als Dessert gönnen und sind nicht sicher, ob Sie es durchhalten, bis nach dem Mittagessen zu warten? Dann kaufen Sie Ihr Törtchen gefroren und tauen es so auf, dass es erst mittags genießbar ist. Diese »Frostvariante« schützt vor spontanen Naschattacken und steigert Vorfreude und Genuss.

Ich will wenig essen, aber es wird immer wieder zu viel. Was kann ich tun?
Sie rechtfertigen die Riesen-Pizza mit dem Gefühl:»Ich hatte ja heute noch gar nichts Richtiges?« Meist täuscht das – vor allem, wenn man viele Kleinigkeiten zwischendurch futtert und das verdrängt nach dem Motto: »Wenn es nur ein bisschen ist, fällt das ja nicht so stark ins Gewicht«. Damit Sie nicht der »Nasch-Demenz« verfallen, schreiben Sie einmal alles auf, was Sie im Laufe eines Tages essen. Das schärft das Bewusstsein und hilft, die Naschereien in Zukunft zu vermeiden.

Wenn ich Obstsäfte meiden möchte – wie ist es dann mit Gemüsesaft?
Anders als süße Obstsäfte, die häufig echte Zuckerbomben sind, können wir Gemüsesäfte empfehlen. Die schmecken zwar ganz anders, sind aber eine Bereicherung für den »Ich-bin-dann-mal-schlank«-Plan. Ob Tomaten-, Möhren-, Rote-Bete- oder Sauerkraftsaft – das trinkbare Gemüse taugt nicht nur als gesunde Erfrischung, sondern auch als kleine Mahlzeit. Zum Beispiel Tomatensaft: Aufgewärmt und mit Salz und Pfeffer gewürzt, tut er so gut wie eine leichte Suppe und liefert wertvolle Nahrstoffe. Wer es nicht schafft, jeden Tag Gemüse zu essen, sollte Gemüsesaft ohne Zusätze als feine Snacks entdecken.

Wie halte ich es mit Panade beim Fleisch?
Schlank-Trick: Verzichten Sie beim Fleischbraten auf eine Panade. Denn Fett und Kohlenhydrate (Semmelbrösel) kombiniert sind eine echte Fettfalle. Wenn Sie Fleisch aber unbedingt im Mäntelchen genießen wollen, probieren Sie es mal mit Sojasoße und Sesamkörnern. Oder Sie wenden das Fleisch erst in gequirltem Ei, dann in Koch- und Backeiweiß (siehe Seite 18).

Nichts einzuwenden ist gegen selbst hergestellte frisch gepresste Obst- und Gemüsesäfte. Sie liefern Vitamine und Mineralstoffe.

Abends noch etwas Warmes kochen – das schaffe ich nicht.
Wenn alle anderen in der Familie ihr abendliches Butterbrot essen und Sie auf Kohlenhydrate verzichten wollen, greifen Sie zu Wurst oder Käse pur – also ohne Brot. So müssen Sie nicht zwei Mahlzeiten zubereiten.

Ohne Kochen satt werden – mit welchem Lebensmittel gelingt mir das?
Essen Sie viel Quark. Der gehört zu den Milchprodukten mit dem höchsten Eiweißanteil. Mit etwas Wasser oder fettarmer Milch verrührt, wird er geschmeidiger. Auch Joghurt ist ein schneller Sattmacher in der kalten Küche. Dabei sollten Sie die Naturvariante bevorzugen, denn selbst wenn Erdbeere draufsteht, sind nicht unbedingt frische Beeren drin. Frische Früchte sind besser.

Mein Partner wird nicht satt, weil ich abnehmen will.

Die »Ich-bin-dann-mal-schlank«-Methode ist familienkompatibel. Ob für Partner oder Kinder – wer nicht abnehmen will, ergänzt die Gerichte mit Nudeln, Reis oder Kartoffeln. Oder es gibt noch Butterbrote dazu. Wenn ein Paar gemeinsam abnehmen möchte, umso besser. Dann können Sie sich gegenseitig ausgezeichnet motivieren, und keiner sabotiert die guten Vorsätze des anderen.

Unterwegs möchte ich nicht verzichten.

Gar nicht so einfach, tapfer durchzuhalten, wenn die Nachtschwärmer-Clique zu später Stunde die Imbissbude stürmt. Dass es dort keine frisch gekochte Gemüsesuppe gibt und Pommes, Pizza, Döner & Co. der Gesundheit und Ihrer Figur nicht gerade förderlich sind, wissen Sie natürlich. Trotzdem können Sie mit »Trennkost« die Notbremse ziehen. Bestellen Sie zum Beispiel einen Döner Kebab auf einem Teller statt in Weißbrot.

Wie kann ich zwischendurch entspannen, ohne zu essen?

Dafür empfehlen wir den Kurzurlaub an der Kaffeetasse. Die kleine Kaffeepause zwischendurch muss nämlich nicht dick machen und kann trotzdem erholsam sein, solange Sie den Kaffee nicht nebenbei am Bildschirm herunterspülen, sondern ihn in Ruhe abseits vom Arbeitsplatz genießen. Ein zuckerfreier Milchkaffee (ohne Apfelkuchen und ohne Kekse) sättigt so, dass man problemlos bis zum nächsten Essen durchkommt.

Wie kann ich meine guten Vorsätze auch im Urlaub umsetzen?

Meiden Sie All-inklusive-Angebote. Die verführen nur zum Essen nach dem Motto »Was ich bezahlt habe, muss ich auch essen«. Am besten bedienen Sie sich morgens am Bufett mit Müsli, Vollkornbrötchen, Joghurt, Quark, einem Frühstücksei oder frischen Früchten. Ob im Restaurant oder beim Selberkochen im Ferien-Appartement: Mittags trennen Sie Fett und Kohlenhydrate; abends lassen Sie die Kohlenhydrate ganz weg.

Ich würde gerne weniger Fleisch essen. Was geht stattdessen?

Setzen Sie auf das tolle Trio Erbsen, Bohnen Linsen und kochen Sie zweimal in der Woche ein Gericht mit Hülsenfrüchten statt mit Fleisch. Die machen satt, enthalten Eiweiß, gute Kohlenhydrate und extra viele Ballaststoffe, wie zum Beispiel unser Linsentopf mit Pfeffer-Tofu (Seite 74).

Ich esse häufig zu schnell – was hilft dagegen?

Auch wenn Sie allein am Tisch oder in der Kantine sitzen, sollten Sie eine gute alte Familientradition aufrechterhalten: Beim Essen wird nicht gelesen, nicht ferngeguckt, nicht telefoniert und auch kein PC bedient. Wer ohne Ablenkung isst, wird schneller schlank. Denn dann kommt man mit weniger aus, schlingt nicht nebenbei, spürt, wenn die Sättigungsgrenze erreicht ist und lernt das Genießen.

»ICH-BIN-DANN-MAL-SCHLANK« IM SCHICHTDIENST

Wer berufsbedingt die Nacht zum Tag machen muss, leidet oft unter Gesundheits- und Gewichtsproblemen. Schichtarbeiter, Krankenschwestern und Vielflieger erkranken zum Beispiel drei- bis fünfmal häufiger an Typ-2-Diabetes als Menschen, die in einem festen Rhythmus tagsüber berufstätig sind und die Nacht durchschlafen können. Wechselnde Arbeitszeiten machen eine Ernährungsumstellung besonders schwierig, denn die Betroffenen müssen gegen ihre innere Uhr kämpfen. Das heißt Stress für Körper und Seele.

Was bedeutet das für die Umsetzung der »Ich-bin-dann-mal-schlank«-Methode? Im Prinzip stellen Sie die Ernährungsuhr genauso auf Ihren Lebensrhythmus ein wie Tagarbeiter es tun. Nach dem Aufstehen (gleichgültig zu welcher Tageszeit das ist) frühstücken Sie hochwertige Kohlenhydrate aus Vollkorn- und Eiweißprodukten und frische Vitamine aus Obst. Dann geht es – vom Mittag- bis zum Abendessen – so weiter, wie es die Tageszeiten morgens, mittags und abends auf der Ernährungsuhr (Seite 14) vorgeben.

So schaffen Sie es

Einige Beispiele, die Ihnen bei der Umsetzung helfen können:

- Die Frühschicht beginnt morgens um vier Uhr und endet mittags um dreizehn Uhr. Das heißt, dass Sie in dieser Zeit zweimal essen, wenn Sie bereits vorm Dienstantritt zu Hause gefrühstückt haben: Einmal nehmen Sie im Laufe des Vormittags eine Mahlzeit zu sich (möglichst leicht) und einmal am Mittag.
- Wenn die Schicht am frühen Nachmittag losgeht und bis Mitternacht dauert, gibt's zuerst einen Nachmittagssnack und später ein Abendessen (am besten nehmen Sie sich das fertig von zu Hause mit). In beiden Fällen können Sie den normalen Tag-Nacht-Rhythmus mit leichten zeitlichen Verschiebungen noch einigermaßen einhalten.
- Wenn Sie aber die Nacht durchhalten müssen, also spät abends antreten und morgens früh wieder gehen können, wird es schwieriger. In diesem Fall empfehlen wir eine eiweißhaltige Mahlzeit vor dem Start in der Arbeitsschicht, einen leichten Imbiss zum Durchhalten in der Nacht und ein gut sättigendes Essen als erste Mahlzeit nach der Schicht.

Was Sie dafür wählen, hängt davon ab, wie Ihr Tag weitergeht. Soll die morgendliche Mahlzeit das Frühstück sein, greifen Sie zu den guten Kohlenhydraten. Ist diese Mahlzeit das Abendessen (weil Sie danach schlafen gehen), sollte der Schwerpunkt auf Eiweißhaltigem liegen. Dann wird erst wie im Normalfall nach dem Aufstehen gefrühstückt.

Gut zum Mitnehmen in die Arbeit geeignet sind folgende Rezepte:
Schichtsalat mit Schafkäse, Putenbrust, Tomate und Ei (Seite 140) oder Kalte Süßkartoffel-Lauch-Suppe mit Krabben (Seite 76)

INFO Auch Reisen bringen den normalen Rhythmus häufig durcheinander. Wer viel im Flugzeug, mit der Bahn oder dem Auto unterwegs ist, morgens in aller Frühe starten muss oder erst mitten in der Nacht wieder zu Hause ankommt, kennt das. Auch hierbei gilt: Essen Sie sich mindestens dreimal am Tag satt, um Heißhunger zu vermeiden. Denn sonst zieht es Sie von einem Backshop zum nächsten. Nehmen Sie sich »Ich-bin-dann-mal-schlank«-Kombinationen mit und achten Sie auch unterwegs auf mehrstündige Esspausen.

WÜNSCHE WERDEN WIRKLICHKEIT

Zuerst erscheint alles ganz einfach. Die guten Vorsätze waren tagsüber leicht durchzuhalten. Das meiste klappt ohne Heißhungerattacken und Fehltritte – doch dann kommt am späten Abend doch noch der Absturz: Kaum hat man zum Beispiel die Schokolade angeknabbert, wächst das Verlangen nach mehr. Und dann noch mal mehr – so lange, bis die Tafel endlich Ruhe gibt, weil sie restlos aufgegessen ist.
Ein typischer Fall von kleinen Abstürzen mit großen Folgen. So etwas passiert den meisten Abnehmwilligen mal zwischendurch und wäre auch nicht schlimm, wenn man danach einfach wie vorher weitermachen würde. Leider führen stattdessen häufig Versagensgefühle und Selbstzweifel zur Kapitulation. »Mir fehlt die nötige Disziplin«, heißt es dann kleinlaut.

Die schlanke Linie ist das eine. Wichtiger aber ist, dass Sie sich wohl fühlen und Freude am Leben haben.

WICHTIG Um die Ernährungsweise erfolgreich zu verändern, muss die Motivation stimmen. Die bleibt am stärksten, wenn man sich langsam umstellt und mit wenigen perfekten Tagen beginnt.

ALTERNATIVEN SCHAFFEN

Doch das täuscht. Wem Rückschläge zu schaffen machen, dem fehlt es nicht an strengeren Regeln, sondern an Alternativen. Weil langjährige Gewohnheiten sich nicht einfach abschalten lassen, ist es besser, sie erst einmal durch andere zu ersetzen.
Wer das schaffen will, sollte genau darüber nachdenken, welche Situationen es sind, die ihn schwach werden lassen. Wer abends, zum Beispiel beim Entspannen vor dem Fernseher, automatisch an einer Tafel Schokolade knabbern möchte, überlegt dann besser: Was macht mich wirklich glücklich – ähnlich wie Schokolade, aber ohne schlechtes Gewissen danach? Könnte ich etwas anderes tun als essen, um in einen angenehm relaxten Zustand zu gelangen? Muss es tatsächlich etwas Süßes sein? Oder könnte ich auch ein Knäckebrot mit Kräuterquark genießen?

Solche Überlegungen werden einen kleinen Kampf mit dem inneren Schweinehund auslösen. Der wird an die Vorzüge der Schokolade erinnern, sich aber auch mit einem Knäcke zufrieden geben, wenn er weiß, dass es sonst gar nichts gibt. In diesen kritischen Momenten ist es ratsam, seine Emotionen mit starken Bildern zu beeinflussen, um den Kampf zu gewinnen. Rufen Sie sich ein tolles Foto von sich selbst in Erinnerung. Malen Sie sich in Gedanken aus, wie Sie aussehen, wenn Sie jetzt nicht nachgeben – und wie stolz Sie hinterher darüber sein werden.

MIT EINEM PERFEKTEN TAG BEGINNEN

Hat der innere Schweinehund erst einmal gemerkt, dass ein Abend mit gesundem Geknabber kein Weltuntergang ist, wird er ruhiger – und sein Mensch auch. Denn nun verbinden beide dieses Erlebnis mit positiven Emotionen. Langfristig kann es gelingen, sich auf diese Weise schlank zu träumen.
Damit der nächste Fehler nicht sofort wieder Frust auslöst, ist es wichtig, dass Sie solche Fortschritte nicht zu oft von sich verlangen. Nach den Regeln der »Ich-bin-dann-mal-schlank«-Methode beginnen Sie mit einem oder zwei perfekten Tagen in der Woche.

Wenn Ihnen das schwerfällt, kommt sofort ein beruhigender Gedanke zu Hilfe: »Morgen darf ich wieder essen wie immer.« Wer möchte, kann jederzeit zurück, ohne sich als Versager zu fühlen. Aber eben erst morgen. So bleibt man dran und wird mit dem guten Gefühl belohnt: »Der erste Schritt ist gelungen.«

Gesund essen tut gut

Der nächste Schritt ist dann schon viel leichter. Denn nun haben Sie gemerkt, dass es Ihnen an Ihren perfekten Tagen rundum besser geht. Die »Heimweh-Tage« werden automatisch weniger. Wenn sich nach einiger Zeit erste Erfolge auf der Waage zeigen, steigt die Motivation. Es ist dann keine Qual mehr, gesund essen zu müssen, sondern mehr Lebensqualität, gesund essen zu dürfen. Misserfolge frustrieren nicht mehr, sondern Erfolge motivieren.

INFO Die wichtigsten Regeln für einen perfekten Tag sehen so aus:

- Essen Sie an diesem Tag drei bis fünf Mahlzeiten pro Tag nach der »Ich-bin-dann-mal-schlank«-Ernährungsuhr (siehe Seite 14). Achten Sie darauf, dass in mindestens drei Mahlzeiten viel Eiweiß (zum Beispiel aus Milchprodukten, Fleisch, Eiern oder Hülsenfrüchten) enthalten ist.
- Starten Sie gestärkt in den Tag und lassen Sie das Frühstück nicht einfach ausfallen.
- Trinken Sie zwei bis drei Liter täglich – und zwar möglichst Flüssigkeiten wie Wasser, Tee oder Kaffee ohne Zucker und Milch.
- Absolvieren Sie ein kurzes, aber knackiges Krafttraining oder hängen Sie eine halbe Stunde moderates Ausdauertraining mit Walken, Joggen oder Radfahren (auch auf dem Hometrainer) an Ihren perfekten Tag.
- Seien Sie nett zu sich und übertreiben Sie es nicht. Wer zu viele gute Vorsätze auf einmal umsetzen will, scheitert schneller als jemand, der sich nur ein bisschen vornimmt. Loben Sie sich für jeden kleinen Erfolg und jeden gelungenen perfekten Tag.
- Bleiben Sie dran: Auch an perfekten Tagen sollten kleine Fehltritte Sie nicht dazu bringen, gleich ganz aufzugeben und in die alten Gewohnheiten zu verfallen. Einen perfekten Tag kann man immer noch retten, indem man kleine Sünden bei der nächsten Mahlzeit mit etwas weniger ausgleicht und sich so wieder gut fühlt.
- Entspannen Sie sich. Viele Menschen essen nicht, weil sie hungrig sind, sondern weil sie damit Stress abbauen wollen. Um das zu vermeiden, gehören auch Relax-Einheiten zum perfekten Tag. Ob Sie Musik hören oder meditieren – nehmen Sie sich Zeit für solche ruhigen Momente.
- Unser Spezial-Tipp: Holen Sie sich im Zweifelsfall Hilfe, um besser dranzubleiben: Mit dem Online-Coach »Mein Tag« (siehe Seite 41) bekommen Sie regelmäßig Experten-Tipps von uns.

SCHLANK MIT VOLLER KRAFT

Sie möchten neu starten? Ihre Ernährung umstellen? Besser essen, öfter mal selbst kochen und nebenbei ein paar Pfunde verlieren? Das lässt sich beschleunigen, indem Sie sich selbst in Schwung bringen. Die meisten Leute denken dann als Erstes an Joggen, Schwimmen, Walken, Radeln oder Fußball spielen. Das tut Körper und Seele ohne Zweifel gut, bringt den Kreislauf in Schwung und hebt die Laune. Beim Abnehmen führt es jedoch häufig zu Enttäuschungen. Warum ist das so?

WICHTIG Starke Muskeln machen das Abnehmen sehr schnell leichter. Denn sie verbrauchen rund um die Uhr Energie. Zum Einstieg reicht ein kurzes Workout zu Hause im Wohnzimmer und viel Fitness zwischendurch.

ÜBUNGSPROGRAMM FÜR JEDEN TAG

Denn beim Ausdauersport wird nur dann Energie verbraucht, wenn man läuft, radelt oder schwimmt. Kaum hat man damit aufgehört, liegt die Fettverbrennung lahm. Beim Muskeltraining hingegen arbeiten die Muckis, wenn sie erst einmal aufgebaut sind, eifrig weiter – selbst wenn ihr Besitzer schon im Bett liegt. Da werden über Nacht und im Schlaf Fettreserven abgebaut. Ohne Schwitzen und ohne Anstrengung.
Die besten Voraussetzungen für ein effektives Training bietet ein Fitness-Studio. Doch auch zu Hause lässt sich viel erreichen. Ob im Wohn- oder im Hotelzimmer unterwegs – unser kleines »Ich-bin-dann-mal-schlank«-Workout können Sie überall absolvieren, wo ein bisschen Platz frei ist. Es besteht aus drei Übungen, die Muskeln im ganzen Körper erreichen. Für jede Übung gibt es eine Anfänger- und eine Fortgeschrittenen-Variante. Stufen Sie sich dafür selbst ein, indem Sie erst die Anfängerübungen machen. Schaffen Sie davon locker dreißig Wiederholungen? Dann ist das Fortgeschrittenen-Programm effektiver für Sie.

Richtig trainieren

Gleichgültig, ob Sie als Einsteiger acht oder zwölf Wiederholungen schaffen, wichtig ist es erst einmal, dass Sie sich beim Training steigern. Zur Orientierung gilt eine einfache Regel: Wenn's richtig anstrengend wird, und Sie normalerweise aus Bequemlichkeit mit dem Argument »Ich kann nicht mehr« aufhören würden, nehmen Sie alle Kraft zusammen, um noch fünf Wiederholungen zu schaffen. Spornen Sie sich selbst dazu an!
Auf der nächsten Seite sehen Sie, wie es geht: Alle drei Übungen sind für Anfänger gedacht. Für Geübte und Fortgeschrittene gibt es immer noch eine Zusatzvariante. Die Übungen sollten Sie in der ersten Woche zwei- oder dreimal durchführen. In den nächsten Wochen steigern Sie – jeweils von Woche zu Woche – die Anzahl der Wiederholungen. Schreiben Sie deshalb nach jeder Übung Ihre Wiederholungszahl auf. Nur durch diese Steigerungen können Sie mehr Muskeln aufbauen.

Bevor Sie mit dem Trainingsprogramm starten, sollten Sie sich immer kurz aufwärmen. Laufen auf der Stelle, hüpfen, tanzen – alles, was den Kreislauf in Schwung bringt und den Körper lockert, ist dafür geeignet.
Der beste Zeitpunkt für ein Muskelaufbautraining, das den Fettabbau steigert, ist abends. Am besten legen Sie Ihre Trainingseinheit vor Ihrem kohlenhydratfreien Abendessen ein. Das entspannt auch nach einem stressigen Tag und Sie haben danach das gute Gefühl, echt etwas für sich getan zu haben.

Übung 1: Der Beinformer

Diese Übung kennen Sie wahrscheinlich. Es ist die klassische Kniebeuge, für die Sie – wenn Sie noch nie zuvor Krafttraining gemacht haben – erst einmal einen Stuhl zu Hilfe nehmen. Auch wenn die Übung einfach aussieht, hat sie es in sich: Sie stärkt nämlich nicht nur die Beinmuskeln, in denen Sie es zuerst spüren, sondern fordert von mehr als der Hälfte aller Muskeln unterschiedlich harte Arbeit.

- Stellen Sie sich aufrecht vor den Stuhl. Die Beine sind dabei leicht geöffnet, die Arme halten Sie hinter dem Kopf und drücken die Ellenbogen nach außen. Aus dem Stand senken Sie dann langsam das Gesäß bis kurz über die Sitzfläche ab. Die dürfen Sie sanft berühren, sollten sich aber nicht hinsetzen. 1
- Dann heißt es: Kurz innehalten und langsam zählen: Einundzwanzig, zweiundzwanzig. Anschließend geht es ohne Schwung, aber mit viel Kraft wieder empor. Oben angekommen, werden die Knie nie ganz durchgedrückt; sie sollten immer leicht gebeugt bleiben. Das machen Sie so oft, wie Sie es schaffen. Also so lange, bis Sie sich richtig anstrengen müssen und das Gefühl haben: »Ich kann nicht mehr«. Anschließend nehmen Sie Ihre letzte Kraft zusammen, um noch einmal fünf Wiederholungen zu schaffen. Danach notieren Sie die Gesamtanzahl Ihrer Wiederholungen und gönnen sich eine kurze Pause.
- Im zweiten Durchgang machen Sie das Ganze noch einmal und schreiben danach ebenfalls auf, wie viel Sie geschafft haben (meist ist es etwas weniger als im ersten Durchgang). Ihre Notizen dienen zur Orientierung.
- Versuchen Sie von Woche zu Woche jedesmal ein bisschen länger durchzuhalten und die Anzahl der Wiederholungen zu steigern. Dadurch verstärken Ihre Muskeln sich.
- **Fortgeschrittene** (dazu können Sie sich zählen, wenn Sie in der zweiten Runde Ihrer Trainingseinheit locker 30 Wiederholungen schaffen) führen die gleiche Übung durch, aber ohne einen Stuhl. Sie gehen dabei dann etwas tiefer in die Hocke – wer's schafft, senkt das Gesäß fast bis auf den Boden. 2

1

2

Übung 2: Der Brust- und Bauchformer

Ob Brustmuskeln, Schultern oder Arme – diese Übung ist großartig für die Muskulatur am gesamten Oberkörper. Der Bewegungsablauf ähnelt dem klassischen Liegestütz, ist aber einfacher durchzuführen.

- Für diese Übung legen Sie sich auf den Bauch (um die Knie zu schützen, platzieren Sie am besten ein Handtuch darunter).
- Schließen Sie jetzt Ihre Beine, winkeln die Unterschenkel an und legen die Füße über Kreuz. Die Hände werden etwa schulterbreit seitlich aufgestützt, sodass Ober- und Unterarm einen rechten Winkel ergeben. Kopf und Rücken bilden eine gerade Linie. Nun drücken Sie sich mit den Armen langsam nach oben, während die Knie am Boden bleiben. Der Rücken wird dabei ganz gerade gehalten, also weder einen Buckel noch ein Hohlkreuz machen. Stemmen Sie sich so lange empor, bis die Ellenbogengelenke nur noch ein wenig angewinkelt sind (nicht ganz durchdrücken). 1
- Dann geht's wieder hinunter, bis der Körper fast den Boden berührt (leider dürfen Sie sich unten nicht auf dem Bauch ablegen). Die Position knapp über dem Boden halten und wie bei den Kniebeugen langsam zählen: Einundzwanzig, zweiundzwanzig.
- Danach stemmen Sie sich wieder hoch. Achten Sie immer darauf, dass der ganze Körper angespannt bleibt. Die Arme arbeiten nicht allein. Bauch- und die Pomuskeln sind ebenfalls in Aktion. Auch diese Übung absolvieren Sie wie die Kniebeugen in zwei Durchgängen und mit anschließendem Aufschreiben, wie viele Wiederholungen Sie geschafft haben.
- **Fortgeschrittene** halten den Liegestütz nicht auf den Knien, sondern auf den Füßen. Das erfordert noch mehr Kraft. 2

TIPP Wer sich (noch) nicht auf den Boden wagt, kann den Brust- und Bauchformer auch erst einmal im Stehen absolvieren: Stellen Sie sich mit etwa einem halben Meter Abstand vor einen festen Tisch oder einen halbhohen Schrank, stützen Sie die Hände darauf ab und senken Sie Ihren gespannten Oberkörper, bis die Nase fast die Oberfläche berührt. Anschließend geht's wieder hoch – wie beim richtigen Liegestütz.

1

2

Übung 3: Der Po-Former

Legen Sie sich in Rückenlage auf den Boden.

- Winkeln Sie Ihre Beine um etwas mehr als 90 Grad an. Achten Sie darauf, dass Ihre Fußsohlen komplett den Boden berühren.
- Dann drücken Sie das Gesäß langsam nach oben. Am höchsten Punkt spannen Sie alle Muskeln an und zählen genauso wie bei der Kniebeuge und beim Liegestütz: Einundzwanzig, zweiundzwanzig. 1
- Anschließend senken Sie das Gesäß wieder ab bis knapp über dem Boden.
- Noch einmal geht es nach oben, anspannen, zählen, absenken – das ist eine Wiederholung.
- **Fortgeschrittene** machen die gleiche Übung, indem sie ihre Beine weiter vom Po entfernt aufstellen, sodass der Winkel mehr als 90 Grad beträgt. Oder Sie absolvieren den gleichen Bewegungsablauf, halten dabei aber ein Bein in der Luft. Wer sich für diese Variante entscheidet, lässt die Haltephase oben aus. Es geht nur auf und ab. Zwischendurch das Bein wechseln. 2

Zum Abschluss: Dehnen

Nach dem Krafttraining werden alle benutzten Muskeln ein bisschen gedehnt. Das tut gut und hält beweglich.

- Strecken Sie sich mehrmals lang nach oben – so, als ob Sie die Decke erreichen wollten.
- Um die Arm-, Schulter- und Brustmuskeln zu dehnen, drücken Sie die Arme gegen einen Türrahmen und machen einen Ausfallschritt nach vorne in die Dehnung hinein. Halten Sie die Dehnung eine halbe Minute lang.
- Für Rücken und Beine: Setzen Sie sich dann auf den Boden. Versuchen Sie im Sitzen mit den Händen die Füße an sich heranzuziehen und die Beine dabei ebenfalls eine halbe Minute lang durchgestreckt zu halten. Falls Ihnen die Dehnung noch zu extrem ist, können Sie dazu auch ein Handtuch um Ihre Füße führen und sich mit den Händen daran festhalten.

INFO Auch wenn der innere Schweinehund rebelliert: Bleiben Sie dran und führen die Übungen regelmäßig durch. Was anfangs noch mühevoll ist, wird bald zur Gewohnheit, die dann auch der Schweinehund nicht mehr anknurrt.

FITNESS IM ALLTAG – SO BLEIBEN SIE DRAN

Ein bisschen Ausdauertraining ergänzt den Muskelaufbau ideal. Suchen Sie sich eine Form von Bewegung, die Ihnen Spaß macht und die Sie in Schwung bringt. Ob Sie walken, laufen, schwimmen oder Rad fahren – versuchen Sie zweimal in der Woche eine halbe Stunde etwas für die Ausdauer zu tun. Für Anfänger reicht es schon, nur zu walken und dabei das Tempo hin und wieder etwa eine halbe Minute lang zu erhöhen. Steigern Sie sich dabei langsam.

Wer sich durch Alltagstätigkeiten nebenbei fit hält, erreicht noch mehr mit weniger Zeitaufwand: Treppen steigen (ruhig mit zwei Stufen auf einmal), zu Fuß gehen, putzen, im Garten arbeiten, die Einkäufe nach Hause tragen statt ins Auto zu laden – wählen Sie nicht immer nur den bequemsten Weg. Das haben Sie sicher schon ein paar Mal gehört, aber doch nicht umgesetzt. Versuchen Sie es trotzdem ruhig noch einmal. Jeder Schritt zählt. Zur Rolltreppe gibt es keine Alternative ohne umständliche Umwege? Dann steigen Sie drauf, ohne sich zum Nichtstun verführen zu lassen. Während Sie fahren, laufen Sie Ihrem Ziel entgegen und sparen dabei sogar Zeit.

Eine gute Einstiegshilfe für mehr Bewegung im Alltag sind Schrittzähler. Die kleinen Geräte zeigen an, wie viel man pro Tag läuft und motivieren zu Steigerungen. Zur Orientierung: Viele Menschen machen nicht mehr als 1500 Schritte täglich; für die Gesundheit sind aber 10 000 ideal. Mit einem Schrittzähler können Sie sich leicht über den Tag verteilt Etappenziele setzen, um auf 10 000 zu kommen: Jede Woche ein bisschen mehr.

Essen rund um den Sport Vor und nach dem Training sollten Sie auf Kohlenhydrate verzichten. Das gilt auch für gezuckerte Getränke wie zum Beispiel eine Apfelschorle. Etwa eineinhalb Stunden vorher ist eine leichte eiweißhaltige Mahlzeit mit Obst (vormittags) oder Gemüse (nachmittags) optimal. Eiweißreiches nach dem Training unterstützt die Muskelregeneration. Genießen Sie dann einen leckeren Eiweiß-Shake. Oder – als vollwertige Mahlzeit – Fischgerichte, Geflügel oder – wer mag – auch Tofu Sojaquark.

Entspannung mit System Mehr bringt auch mehr? Falsch gedacht – zu jeder Anstrengung gehört Zeit zum Erholen. Sonst ist viel Mühe vergebens. Nehmen Sie sich regelmäßig kleine Auszeiten – und sei es nur für einen Kaffee zwischendurch. Ob Musik hören, ein Spaziergang im Grünen, Yoga oder eine heiße Badewanne – gönnen Sie sich Dinge, die Sie gerne tun. Denn diese wirken entspannend, und Ihr Stresslevel sinkt; das hilft ebenfalls beim Abnehmen, da unter Stress oft Heißhungerattacken drohen.

Sitzen Sie weniger Nutzen Sie im Büro so oft wie möglich die Gelegenheit, vom Schreibtischstuhl hochzukommen und ein paar Schritte zu machen. Sie können sich beispielsweise angewöhnen, beim Telefonieren grundsätzlich aufzustehen und umherzugehen. Sie möchten den Kollegen zwei Stockwerke weiter oben etwas mitteilen? Laufen Sie hin statt anzurufen oder eine Mail zu schicken. Ärgern Sie sich nicht, wenn kein Parkplatz direkt vor der Tür frei ist, sondern nehmen Sie den Spaziergang als Fitnessübung. Der Bus fährt vor der Nase weg? Macht nichts. Statt auf den nächsten zu warten, gehen Sie schon mal zur nächsten Haltestelle.

NEUE IDEEN VOM ONLINE-COACH

Besser essen, sich mehr bewegen und den Alltag entstressen – wer dabei Unterstützung und immer wieder neue Anregungen braucht, findet die beim »Ich-bin-dann-mal-schlank«-Online-Coach. Hier gibt's jeden Tag drei Aufgaben für Bewegung, Ernährung und Entspannung, abgestimmt auf Ihr persönliches Zeitbudget, Ihre Stimmung und Ihre Vorlieben. Das kann die Anleitung zu einer kurzen Stretching-Einheit sein, ein Rat, worauf man beim Essen achten sollte, oder ein Tipp, wie man müde Augen entspannt. Alle Empfehlungen sind im Büro oder auf dem Weg nach Hause leicht umzusetzen. Wer auf dem Smartphone die Ortsfunktion einschaltet, bekommt Vorschläge für passende Plätze in der Nähe – mit Wegbeschreibung. Zum Beispiel ein vegetarisches Restaurant in der Nähe, eine Sporthalle oder ein Park zum Joggen.

Ihr individuelles Erfolgsprogramm

Zu welchem Lerntyp gehören Sie? Was motiviert Sie, schlechte Gewohnheiten erfolgreich abzulegen? Welche Strategie passt am besten zu Ihrem persönlichen Lebensstil, mit welcher können Sie gute Vorsätze tatsächlich umsetzen? Solche Überlegungen sind die Basis für den Online-Coach. Ihr persönlicher Betreuer kommt in Form des Begleitprogramms »Mein Tag« zu Ihnen auf Ihren Computerbildschirm oder Ihr Mobiltelefon. Und zwar immer dann, wenn Sie ihn brauchen. Das ist eine gute Alternative für alle, die sich Unterstützung wünschen, aber keinen Personal-Trainer bezahlen und keine Abnehmgruppe regelmäßig besuchen können oder wollen.

PERSÖNLICHE BETREUUNG

Über die Website, per Mail oder Smartphone-App (iPhone und Android) und im iTunes-Store erhalten Sie persönliche Vorschläge von Patric Heizmann, Antje Klein, Sebastian Benthe und von dem Ausdauerspezialisten und Personal-Trainer Timo Krüger, der ebenfalls zum »Ich-bin-dann-mal-schlank«-Team gehört. Zu jedem Tipp erscheint das Konterfei des Experten, der die Aufgabe betreut. Für's Erledigen gibt's regelmäßig kleine Abzeichen.

Dafür müssen Sie zunächst nur Ihre E-Mail-Adresse und Ihren Namen eingeben und die Vorschläge beurteilen. Aus Ihrem Feedback ermittelt »Mein Tag« die optimale Strategie für Sie. Die erste Woche ist als Testwoche kostenfrei, danach stehen verschiedene Abo-Modelle zur Verfügung. Das Abo verlängert sich nach der Testphase nicht einfach automatisch, sondern muss aktiv bestätigt werden, sodass der Nutzer die volle Kostenkontrolle hat.

AUSSERDEM HILFREICH Im Internet unter www.ich-bin-dann-mal-schlank.de finden Sie Rezepte, Übungen und Expertentipps. Auch hier informiert Antje Klein über Ernährung, Timo Krüger zeigt Übungen, Sebastian Benthe verrät neue leckere Rezepte und Patric Heizmann motiviert.

Frühstücks-rezepte

Fit für den Start in den Tag

- Frische Zutaten mit vielen Vitalstoffen
- Gesunde Kohlenhydrate mit sättigendem Eiweiß
- Süße und herzhafte Genusserlebnisse

Bananenquark mit Puff-Amaranth

FÜR 2 PORTIONEN

Zubereitung 10 Minuten

2 vollreife Bananen
1–2 TL Zitronensaft
250 g Magerquark (10 % Fett)
3 EL Ahornsirup
125 ml Milch (1,5 % Fett)
4 EL Puff-Amaranth

INFO Puff-Amaranth nennt man das leicht geröstete Samenkorn des Amaranth-Strauchs, eine der ältesten Kulturpflanzen der Welt. Erhältlich ist er in Reformhäusern oder im Bio-Supermarkt. Anstelle von Amaranth können Sie auch Haferflocken verwenden.

1 Die Bananen schälen. 4 Scheiben zur Dekoration abschneiden und beiseitelegen. Zitronensaft zum übrigen Fruchtfleisch geben und alles in einer Schüssel mit einer Gabel zu Mus zerdrücken. Quark und Ahornsirup dazugeben und alles glatt rühren.

2 Unter Rühren nach und nach Milch zugießen, bis die gewünschte cremige Konsistenz erreicht ist.

3 Unmittelbar vor dem Servieren drei Viertel des Puff-Amaranth untermischen. In zwei Schälchen geben, mit den Bananenscheiben und dem restlichen Amaranth garnieren und servieren.

Nährwerte pro Portion
308 kcal | 23 g EW | 3 g F | 45 g KH

Tipp Sie können wahlweise auch Erdbeeren, Himbeeren oder andere weiche Obstsorten verwenden.

Beeren-Joghurt mit Schokomüsli

FÜR 2 PORTIONEN

Zubereitung 5 Minuten

125 g gemischte Beeren
300 g Magermilchjoghurt (0,5 % Fett)
etwas Zucker oder flüssiger Süßstoff
2 EL Schokomüsli

Tipp Wer es gerne knackig mag, kann statt des Schoko-Müslis auch 2 EL Knuspermüsli nehmen.

1 Die Beeren vorsichtig waschen und auf einem Sieb abtropfen lassen. Die Hälfte davon in ein hohes Gefäß geben. 150 g Joghurt zufügen und beides mit einem Stabmixer fein pürieren. Nach Geschmack mit etwas Zucker oder Süßstoff abschmecken.

2 Den Beerenjoghurt in zwei Gläser geben. Darüber vorsichtig den restlichen Joghurt löffeln, sodass Schichten entstehen. Mit dem Schokomüsli und restlichen Beeren bestreuen.

Nährwerte pro Portion:
117 kcal | 7 g EW | 2 g F | 19 g KH

VARIANTE Gut schmeckt auch selbst gemachter Krokant: Dazu rösten Sie 2 EL Haferflocken in einer heißen Pfanne ohne Fett, rühren 2 TL Honig ein und lassen ihn schmelzen. Abkühlen lassen und über den Joghurt streuen.

Bircher Müsli

FÜR 2 PORTIONEN

Zubereitung 5 Minuten

Einweichzeit 20 Minuten

5 EL Haferflocken
2 EL Rosinen
125 ml Apfelsaft, naturtrüb
30 g Haselnusskerne oder Mandeln
2 feste Äpfel
1 EL Zitronensaft
100 g rote kernlose Weintrauben
250 g Magermilchjoghurt
125 g gemischte Beeren

Tipp Wer es etwas süßer mag, kann noch Ahornsirup über das Müsli geben.

1 Haferflocken und Rosinen in einer Schüssel mit dem Apfelsaft vermischen und 20 Min. einweichen. Auf der Arbeitsfläche die Nüsse grob hacken.

2 Die Äpfel waschen und bis zum Kerngehäuse grob raspeln. Sofort mit dem Zitronensaft beträufeln. Die Weintrauben waschen, abzupfen und halbieren.

3 Den Joghurt mit den geriebenen Äpfeln, den Beeren und den eingeweichten Haferflocken so verrühren, dass die Beeren dabei zermust werden. Nüsse und Weintrauben unterheben. Auf zwei Schälchen verteilen und nach Belieben mit einigen Beeren garnieren.

Nährwerte pro Portion:
407 kcal | 12 g EW | 12 g F | 61 g KH

VARIANTE Im gut sortierten Supermarkt oder im Reformhaus finden Sie getrocknete Cranberrys oder Kirschen. Sie sind eine tolle Abwechslung für die Rosinen.

Naturreis-Porridge

FÜR 2 PORTIONEN

Zubereitung 15 Minuten

Quellzeit 45 Minuten

210 ml Wasser
75 g Naturreis
225 ml Milch
5 EL Apfelmus (Glas)
1 TL Zimtpulver
2 EL Honig
Außerdem: Apfelschnitze und Zitronenmelisseblätter

1 Das Wasser in einem Topf zum Kochen bringen und den Reis einstreuen. Zudecken und aufkochen, dann bei schwacher Hitze unter gelegentlichem Umrühren etwa 45 Min. quellen lassen, bis der Reis das ganze Wasser aufgenommen hat.

2 Die Milch dazugießen, alles aufkochen lassen und den Reis unter ständigem Rühren bei schwacher Hitze 9–10 Min. köcheln lassen, bis er cremig ist.

3 Apfelmus, Zimt und Honig unterrühren. Nach Belieben den Reis mit Apfelschnitzen und ein paar Blättchen Zitronenmelisse garnieren.

Nährwerte pro Portion:
304 kcal | 6 g EW | 5 g F | 59 g KH

Tipp Der Reis kann gut schon am Vortag vorbereitet werden. Kalt gestellt ist er bis zu 5 Tagen haltbar.

Dickmilch-Shake mit Heidelbeeren

FÜR 2 PORTIONEN

Zubereitung 5 Minuten

175 g frische Heidelbeeren (alternativ TK)
200 ml Dickmilch
1 EL flüssiger Honig
2 EL Schmelzflocken

1 Die Heidelbeeren vorsichtig waschen, verlesen und auf einem Sieb gut abtropfen lassen.

2 Beeren, Dickmilch, Honig und Schmelzflocken in ein hohes Gefäß geben und mit dem Stabmixer zu einem glatten Shake pürieren. In zwei Gläser gießen und sofort servieren.

Nährwerte pro Portion:
162 kcal | 5 g EW | 5 g F | 23 g KH

VARIANTE Den Shake können Sie auch mit Kefir oder Milch zubereiten. Als kühlende Erfrischung für zwischendurch lassen Sie den Honig weg, nehmen nur 100 ml Dickmilch und geben nach dem Pürieren noch 100 ml Mineralwasser dazu. Mit Eiswürfeln servieren.

Bananen-Schoko-Shake

FÜR 2 PORTIONEN

Zubereitung 7 Minuten

2 reife Bananen
2 EL Kakaopulver (ungesüßt)
300 ml Milch (1,5 % Fett)
100 ml heißer Espresso

1 Die Bananen schälen, in Stücke schneiden und im Tiefkühlfach 5 Min. anfrieren lassen.

2 Das Kakaopulver mit der Milch in ein hohes Gefäß geben und gut verrühren. Den Espresso kurz abkühlen lassen und unter den Kakao rühren. Die Bananen dazugeben und alles zusammen mit dem Stabmixer glatt pürieren. Den Shake auf zwei hohe Gläser verteilen und servieren.

Nährwerte pro Portion:
179 kcal | 8 g EW | 5 g F | 25 g KH

VARIANTE Statt Espresso können Sie auch normalen Kaffee verwenden. Er sollte allerdings nicht zu bitter sein. Lecker schmeckt auch eine Kugel Vanilleeis im Shake zum Auslöffeln.

Hüttenkäse mit Orangen-Sandorn-Kompott

FÜR 2 PORTIONEN

Zubereitung 15 Minuten

2 Saftorangen
2 EL Sanddornmark (Reformhaus)
Honig oder flüssiger Süßstoff
1 EL Mandelblättchen
200 g Hüttenkäse (3,9 % Fett)
150 g Magermilchjoghurt (0,5 % Fett) mit Vanillegeschmack
1 Msp. Zimtpulver

1 Die Orangen so schälen, dass die weiße Haut ganz entfernt wird. Mit einem scharfen Messer die Fruchtfleischfilets aus den Trennhäuten herauslösen, dabei den Saft in einer Schüssel auffangen.

2 Die Orangenfilets mit dem Sanddornmark vermengen und nach Belieben mit etwas Honig oder Süßstoff süßen.

3 Die Mandeln in einer Pfanne ohne Fett bei mittlerer Hitze hellbraun rösten und abkühlen lassen. Den Hüttenkäse in einer Schüssel mit Joghurt und Zimt verrühren. Abwechselnd mit den Orangen in zwei Gläser schichten. Mit den Mandeln bestreuen und servieren.

Nährwerte pro Portion:
247 kcal | 17 g EW | 7 g F | 26 g KH

Melonen-Papaya-Salat mit Kokosjoghurt

FÜR 2 PORTIONEN

Zubereitung 25 Minuten

3 EL Kokosflocken
250 g Kokosjoghurt (4 % Fett, Bio-Laden)
4 EL Agavendicksaft
1 Papaya
1 Honigmelone
3 Zweige Zitronenmelisse
1 EL Limettensaft

1 Die Kokosflocken in einer Pfanne ohne Fett hellbraun rösten und abkühlen lassen. Den Joghurt in einer Schüssel mit der Hälfte der Kokosflocken und 1 EL Agavendicksaft verrühren und anschließend 5 Min. kalt stellen.

2 Papaya und Melone schälen, halbieren, mit einem Löffel entkernen und das Fruchtfleisch klein würfeln. Die Zitronenmelisse waschen, trocken schütteln, abzupfen und die Blätter grob hacken. Alles zusammen mit dem restlichen Agavendicksaft und dem Limettensaft mischen.

3 Die Fruchtwürfel auf eine Platte geben und mit der Joghurtsauce beträufeln. Mit den übrigen Kokosflocken bestreuen und servieren.

Nährwerte pro Portion:
469 kcal | 7 g EW | 12 g F | 69 g KH

Steirer Quark auf Reiswaffeln

FÜR 2 PORTIONEN

Zubereitung 10 Minuten

40 g ungeröstete, ungesalzene Kürbiskerne
2 Stängel glatte Petersilie
½ Bund Schnittlauch
2 EL Kürbiskernöl
200 g Magerquark (10 % Fett)
Salz, schwarzer Pfeffer
1–2 TL Zitronensaft
4 Reiswaffeln

1 Die Kürbiskerne in einer beschichteten Pfanne ohne Fett unter Rühren rösten, bis sie sich leicht aufblähen. Auf einem Teller abkühlen lassen. Ein Viertel der Kerne zum Garnieren beiseitelegen. Die übrigen Kerne hacken.

2 Die Kräuter waschen und trocken schütteln. Petersilienblättchen abzupfen und mit dem Schnittlauch fein schneiden. Mit den Kürbiskernen, Öl und Quark verrühren. Mit Salz, Pfeffer und Zitronensaft würzen.

3 Die Reiswaffeln dick mit dem Quark bestreichen, mit Kürbiskernen bestreuen und servieren.

Nährwerte pro Portion:
341 kcal | 20 g EW | 20 g F | 20 g KH

VARIANTE Statt Magerquark können Sie auch Hüttenkäse nehmen. Nach Belieben können Sie auch 100 Gramm gewürfelten Kochschinken untermischen.

Rührei mit Lachsschinken und Schafkäse

FÜR 2 PORTIONEN

Zubereitung 20 Minuten

75 g Lachsschinken
1/4 Bund Schnittlauch
50 g Schafkäse
15 g Butter
4 Eier
3 EL Milch
Salz
1/4 TL Cayennepfeffer
2 Scheiben Roggen-Vollkornbrot

1 Vom Lachsschinken den Fettrand entfernen und den Schinken in feine Streifen schneiden. Den Schnittlauch waschen, trocken schütteln und in Röllchen schneiden. Den Schafkäse klein bröseln.

2 Die Butter in einer beschichteten Pfanne bei schwacher Hitze zum Schmelzen bringen.

3 In einer Schüssel die Eier mit Milch, etwas Salz und Cayennepfeffer verquirlen und in die Pfanne geben. Die Schinkenstreifen und den Schafkäse dazugeben und bei schwacher Hitze unter Rühren in ca. 3 Min. stocken lassen.

4 Inzwischen das Vollkornbrot toasten. Die Brotscheiben auf zwei Teller legen, das Rührei darauf verteilen, mit Schnittlauch bestreuen und servieren.

Nährwerte pro Portion:

441 kcal | 28 g EW | 27 g F | 22 g KH

Pochierte Eier mit Putenbrust und Senfcreme

FÜR 4 PORTIONEN

Zubereitung 30 Minuten

450 g grüner Spargel
Salz
2 EL mittelscharfer Senf
150 g Sahnejoghurt
2 EL Crème fraîche
4 Toastbrötchen (»Toasties«)
150 g geräucherte Putenbrust, dünn aufgeschnitten
4 EL weißer Essig
8 Eier

INFO Da dieses perfekte Rezept für den Sonntagsbrunch ein wenig aufwendig ist, haben wir die Zutaten für 4 Personen berechnet. Es lässt sich aber auch ohne Weiteres halbieren!

1 Die Spargelstangen waschen und jeweils das untere Drittel schälen. In einem großen Topf Salzwasser zum Kochen bringen und den Spargel darin in ca. 5 Min. blanchieren. Herausnehmen und ohne abzuschrecken abkühlen lassen.

2 In einer Schüssel den Senf mit Joghurt und Crème fraîche glatt rühren.

3 Die Toastbrötchen halbieren, hell toasten und mit der Schnittfläche nach oben auf ein Backblech legen. Putenbrust auf den Toastbrötchen verteilen, Spargelstangen darauflegen und beiseitestellen. Den Backofen auf 80° vorheizen.

4 2 l Wasser mit dem Essig in einem Topf aufkochen. Nicht salzen! Es verhindert die Gerinnung vom Eiweiß. Die Eier in eine Schüssel schlagen; dabei darauf achten, dass die Eigelbe ganz bleiben. Das kochende Wasser mit einem Schneebesen kräftig durchrühren und die Eier sachte hineingleiten lassen. Durch die Drehung des Wassers trennen sich die Eier sofort voneinander. Das Wasser erneut aufkochen, dann den Topf vom Herd ziehen und die Eier in 3–4 Min. pochieren. Mit einer Schaumkelle vorsichtig herausheben und gut abtropfen lassen.

5 Die Toastbrötchen in den Ofen geben und 1 Min. erwärmen. Mit je 1 Ei belegen und nochmals kurz erwärmen. Herausnehmen, die Senf creme über die Eier löffeln und sofort servieren.

Nährwerte pro Portion:
352 kcal | 29 g EW | 22 g F | 9 g KH

Tipp Besonders lecker zu den Eiern schmeckt Estragonsenf. Anstelle der Putenbrust können Sie auch Lachsschinken oder Räucherlachs verwenden. Wenn Sie dieses Gericht vorbereiten wollen, können Sie die Eier nach dem Pochieren kalt abschrecken. Später geben Sie sie gut abgetropft auf die Toasts.

Birnen-Ricotta mit Schinken auf Kürbiskernbrot

FÜR 2 PORTIONEN

Zubereitung 4 Minuten

1 feste Birne
200 g Ricotta
50 g Frischkäse
Salz, schwarzer Pfeffer
4 Scheiben Kürbiskernbrot
4 Scheiben Kochschinken

Tipp Zu den Birnen passt auch sehr gut ein wenig klein geschnittene Frühlingszwiebel oder Schnittlauch.

1 Die Birne schälen, halbieren und anschließend vom Kerngehäuse befreien.

2 Ricotta in eine Schüssel geben. Das Birnenfruchtfleisch mit einer groben Küchenreibe darüberraspeln und mit dem Frischkäse zu einer glatten Creme rühren. Mit Salz und Pfeffer würzen.

3 Den Birnen-Ricotta auf die Brotscheiben streichen und mit dem Schinken belegen.

Nährwerte pro Portion:
486 kcal | 31 g EW | 22 g F | 38 g KH

VARIANTE Bissfester wird der Aufstrich, wenn Sie die Birnenhälften erst in dünne Scheiben schneiden, dann fein würfeln und unter den Käse heben.

Eier-Käse-Sandwich mit Kresseschmand

FÜR 2 PORTIONEN

Zubereitung 4 Minuten

Kochzeit 8 Minuten

4 Eier
4 Blätter Eisbergsalat
100 g Hüttenkäse
2 EL Schmand
½ Kästchen Kresse (frisch oder TK)
Salz, schwarzer Pfeffer
4 Scheiben Vollkorntoast
4 Scheiben Gouda

Tipp Noch pikanter wird der Schmand, wenn Sie 1 Msp. Senf und klein gehackte Radieschen daruntermischen.

1 Die Eier in kochendem Wasser in 8 Min. hart kochen. Salatblätter waschen und trocken schütteln.

2 In einer Schüssel den Hüttenkäse mit dem Schmand glatt rühren. Die Kresse klein schneiden, unterheben und mit Salz und Pfeffer würzen.

3 Die Brotscheiben toasten. Eier pellen, klein hacken und mit dem Kresseschmand vermengen. 2 Toastscheiben mit Schmand bestreichen und mit je 1 Salatblatt, 1 Scheibe Gouda und 1 Toastscheibe belegen. Die Sandwiches jeweils diagonal halbieren und servieren.

Nährwerte pro Portion:
520 kcal | 41 g EW | 31 g F | 21 g KH

Tipp Erfrischend und sommerlich wird der Belag, wenn Sie ein paar Gurkenscheiben auf den Käse legen.

Bananen-Tomaten-Salat mit Vollkornstangen

FÜR 2 PORTIONEN

Zubereitung 25 Minuten

1 Bio-Zitrone
2 EL Olivenöl
1 TL Ahornsirup oder Honig
Salz, schwarzer Pfeffer
2 Bananen
6 Kirschtomaten
½ Bund Rucola
20 g gehobelter Parmesan
4 Vollkornstangen (Grissini)
Außerdem: 1 Schraubglas mit Deckel

1 Die Zitrone heiß abwaschen und trocken reiben. Mit dem Sparschäler dünne Schalenstreifen (Zesten) abschneiden und diese fein würfeln. Die Zitrone halbieren und aus einer Hälfte den Saft auspressen, die andere aufheben.

2 Öl, Zitronensaft und Ahornsirup mit Salz, Pfeffer und den Zitronenzesten in ein Schraubglas füllen, dieses verschließen und kräftig schütteln, bis eine glatte Emulsion entsteht.

3 Die Bananen schälen und in Scheiben schneiden. Tomaten waschen und auch in Scheiben schneiden. Rucola kalt abbrausen und trocken schütteln. Bananen und Tomaten in einer Schüssel vermischen. Das Dressing darübergießen, alles vorsichtig vermengen und 10 Min. ziehen lassen.

4 Den Rucola auf zwei Teller geben, den Bananen-Tomaten-Salat darauf verteilen, mit Parmesan bestreuen und Vollkornstangen servieren.

Nährwerte pro Portion:
275 kcal | 7 g EW | 14 g F | 30 g KH

Tipp Nach Belieben können Sie noch 2 bis 3 klein geschnittene Trockenfrüchte (z. B. Pflaumen, Äpfel) in den Salat geben.

Zwetschgenmousse mit Ingwer und Anis

FÜR 2 PORTIONEN

Zubereitung 20 Minuten

Kühlzeit 3 Stunden

250 g Zwetschgen
1 Blatt Gelatine
50 ml Anisschnaps (Ouzo oder Raki)
Saft von ½ Limette
100 ml roter Portwein
50 g Zucker
1 kleine Zimtstange
50 g frischer Ingwer
100 g Sahne
50 g Crème fraîche

Tipp Die Mousse lässt sich ideal vorbereiten und hält sich gut 2 Wochen im Kühlschrank.

1 Die Zwetschgen waschen, halbieren und entsteinen. Gelatine in reichlich kaltem Wasser einweichen. Anisschnaps, Limettensaft, Portwein, Zucker und Zimt in einem Topf zum Kochen bringen. Die Zwetschgen einlegen und zugedeckt bei schwacher Hitze knapp weich garen.

2 In der Zwischenzeit den Ingwer schälen und beiseitelegen. 4 halbe Zwetschgen und etwas Sud in eine Schüssel geben und beiseitestellen.

3 Den Ingwer mit einer Reibe fein über die restlichen Zwetschgen raspeln und 3–4 Min. weitergaren, bis die Zwetschgen weich sind. Herausheben und mit dem Stabmixer fein pürieren. Die Gelatine leicht ausdrücken und unter das warme Püree rühren. Sobald sie sich aufgelöst hat, das Püree kühl stellen, bis es am Rand geliert.

4 Mit einem Handrührgerät die Sahne steif schlagen. Die Crème fraîche in einer Schüssel glatt rühren, unter die Sahne mischen und alles unter das Zwetschgenpüree ziehen. Die Mousse mindestens 3 Std. kalt stellen.

5 Die vorher beiseitegestellten Früchte mit dem Sud in einem kleinen Topf bei starker Hitze sirupartig einkochen und dann kalt stellen. Zwei Portionsschalen kurz in heißes Wasser tauchen und auf kleine Teller stürzen. Daneben richten Sie jeweils 2 halbe Zwetschgen mit dem Sud an.

Nährwerte pro Portion:
714 kcal | 4 g EW | 26 g F | 48 g KH

Tipp Für ein Dessert stechen Sie mit 1 Esslöffel Nocken von der Mousse ab, verteilen sie auf zwei Teller und richten jeweils daneben 2 halbe Zwetschgen mit dem Sud an.

Blaubeer-Muffins

FÜR 12 STÜCK

Zubereitung 25 Minuten

Backzeit: 25–30 MInuten

250 g Mehl
50 g Backeiweiß
2 TL Backpulver
½ TL Salz
125 g Butter
3 Eier
150 g Zucker
250 ml Buttermilch
150 g Blaubeeren (TK)
Außerdem: Muffinform
(12 Mulden), 12 Papierförmchen
Puderzucker zum Bestäuben

1 Den Backofen auf 200° (Umluft 180°) vorheizen. Mehl (bis auf ca. 2 EL), Backeiweiß, Backpulver und Salz in eine große Schüssel sieben und vermischen.

2 Die Butter in einem kleinen Topf schmelzen. Die Eier in einer zweiten Schüssel kurz mit dem Handrührgerät verquirlen. Zucker, geschmolzene Butter und Buttermilch dazugeben und zu einer glatten Masse verschlagen.

3 Die Blaubeeren mit dem übrigen Mehl mischen und unter den Teig heben. Eine Muffinform mit Papierförmchen auslegen und den Teig einfüllen. Die Muffins im Ofen (2. Schiene von unten) in ca. 25 Min. goldbraun backen. In den Förmchen herausheben und vor dem Servieren mit Puderzucker bestäuben.

Nährwerte pro Stück:
251 kcal | 8 g EW | 11 g F | 31 g KH

Brombeerpfannkuchen mit Sesam und Minze

FÜR 2 PORTIONEN

Zubereitung 4 Minuten

Quellzeit: 15 Minuten

50 g Vollkornmehl
50 g Backeiweiß
2 TL Zucker
2 Eier
100 ml Buttermilch
100 g Magerquark (10 % Fett)
Salz
200 g frische Brombeeren
1 kleine Handvoll Minze
2 EL Rapsöl
2 EL Sesamsamen

1 Mehl, Backeiweiß, Zucker und Eier in einer Schüssel zu einem glatten Teig verrühren. Buttermilch und Quark dazugeben und leicht salzen. Alles zu einem glatten Teig verquirlen und ca. 15 Min. quellen lassen.

2. Inzwischen die Brombeeren waschen und vorsichtig trocken tupfen. Die Minze waschen, trocken tupfen und in feine Streifen schneiden.

3 In einer beschichteten Pfanne das Öl erhitzen, die Sesamsamen darin kurz anrösten, die Hälfte des Teigs eingießen und stocken lassen. Die Hälfte der Brombeeren und der Minze dazugeben. Nach ca. 1 Min. den Pfannkuchen wenden und backen, bis er von beiden Seiten goldgelb ist. Danach zügig den zweiten Pfannkuchen backen und sofort servieren.

Nährwerte pro Portion:
505 kcal | 40 g EW | 12 g F | 33 g KH

Schnelles Körnerbrot

FÜR 1 BROT (750 GRAMM)

Zubereitung 15 Minuten

Backzeit 45 Minuten

150 g Weizenmehl (Type 550)
100 g Backeiweiß
1,5 TL Küchennatron
½ Päckchen Backpulver
10 g Salz
175 g Roggenvollkornmehl
5 EL gemischte Samenkörner (z. B. Kürbis- oder Sonnenblumenkerne, Leinsamen)
400 ml Buttermilch
1 Ei (Größe M)
Außerdem: Mehl, Backpapier

1 Den Ofen auf 190° (Umluft nicht empfehlenswert) vorheizen. Mehl, Backeiweiß, Natron, Backpulver und Salz in eine Schüssel sieben und mit dem Vollkornmehl vermischen.

2 Die Samenkörner grob hacken und mit der Buttermilch und dem Ei unter die Mehlmischung rühren. Alles auf einer mit Mehl bestäubten Arbeitsfläche zu einem lockeren, geschmeidigen Teig kneten.

3 Das Teigstück rund formen und auf ein mit Backpapier ausgelegtes Backblech legen. Das Brot im Ofen (2. Schiene von unten) 45 Min. backen. Das Körnerbrot vor dem Schneiden auf einem Gitter vollständig auskühlen lassen.

Nährwerte pro 750 Gramm:
1917 kcal | 151 g EW | 38 g F | 241 g KH

Radieschen-Champignon-Aufstrich

FÜR 2 PORTIONEN

Zubereitung 12 Minuten

2 gekochte Eier
½ Bund Radieschen
6 große Champignons
1 TL Rapsöl
Saft von ½ Zitrone
½ Bund Schnittlauch
4 EL Frischkäse (fettarm)
Salz, weißer Pfeffer
je ½ TL Currypulver, gemahlener Koriander, Cayennepfeffer

VARIANTE Die Champignons können Sie auch mit gehobelten Zucchini, Kürbis oder Blumenkohl zubereiten.

1 In einem Topf mit siedendem Wasser die Eier in ca. 8 Min. hart kochen. Inzwischen die Radieschen putzen, waschen, trocken tupfen, klein würfeln und in eine Schüssel geben. Mit einem feuchten Küchentuch die Pilze säubern, die Stiele entfernen und ebenfalls klein würfeln.

2 Das Öl in einer beschichteten Pfanne erhitzen und die Pilze in ca. 2 Min. bei mittlerer Hitze braten.

3 Den Zitronensaft über die Radieschen geben. Den Schnittlauch waschen, trocken schütteln und in feine Röllchen schneiden. Die warmen Pilze, den Schnittlauch und den Frischkäse mit den Radieschen verrühren. Die Eier kalt abschrecken, pellen und klein würfeln; unter die Frischkäsemasse rühren und mit Salz, Pfeffer, Curry, Koriander und Cayennepfeffer pikant würzen.

Nährwerte pro Portion
149 kcal | 13 g E | 9 g F | 4 g KH

Meerrettich-Lachs-Schnittchen

FÜR 2 PORTIONEN

Zubereitung 5 Minuten

100 g Räucherlachs
1 EL Schnittlauch (TK)
1 EL Sahnemeerrettich (Glas)
125 g Magerquark (10 % Fett)
Salz, schwarzer Pfeffer
1 EL Zitronensaft
einige Blätter Rucola
4 Scheiben Körnerbrot
(Grundrezept Seite 62)

Tipp Statt Lachs können Sie auch Räucherforelle verwenden.

1 Den Lachs klein schneiden. Mit Schnittlauch, Meerrettich und Quark in eine Schüssel geben und kräftig verrühren. Mit Salz, Pfeffer und Zitronensaft würzen. Rucola waschen und trocken tupfen.

2 Die Brotscheiben nach Belieben toasten. Mit der Meerrettich-Creme bestreichen, etwas Rucola darüberstreuen und sofort servieren.

Nährwerte pro Portion:
432 kcal | 30 g EW | 13 g F | 49 g KH

Tipp Sie können den Lachs auch scheibenweise auf die Brote legen. Ein paar rote Zwiebelringe geben dem Brot dann noch etwas zusätzliche Würze.

Avocado-Schinken-Crostini

FÜR 2 PORTIONEN

Zubereitung 10 Minuten

4 Scheiben Körnerbrot (Grundrezept Seite 62)
1 Avocado
Salz, schwarzer Pfeffer
1 TL Limettensaft
6 Kirschtomaten
2 Scheiben Parmaschinken

Tipp Für eine Extra-Portion Eiweiß mischen sie unter die Avocadocreme noch 3 EL Hüttenkäse.

1 Das Brot goldbraun toasten. Die Avocado halbieren, entsteinen und aus der Schale lösen. In eine Schüssel geben und mit Salz, Pfeffer und Limettensaft würzen. Alles mit einer Gabel zerdrücken.

2 Die Tomaten waschen und halbieren. Den Schinken in feine Streifen schneiden.

3 Die Avocadocreme auf die Brotscheiben streichen, mit Schinken und Tomaten belegen und servieren.

Nährwerte pro Portion:
527 kcal | 17 g EW | 30 g F | 47 g KH

VARIANTE Statt Parmaschinken können Sie auch jede andere Schinkensorte verwenden.

Pancakes (Grundteig)

FÜR 6 STÜCK

Zubereitung 15 Minuten

3 gestrichene TL Backpulver
150 g Mehl
50 g Backeiweiß
275 ml Buttermilch
1 Pck. Vanillezucker
1 Prise Salz
4 Eier (M)
2 EL Öl

1 In einer großen Schüssel Backpulver, Mehl und Backeiweiß mischen. In einer anderen Schüssel Buttermilch, Vanillezucker, 1 Prise Salz und die Eier mit dem Handrührgerät verquirlen. Die Mehlmischung unter Rühren nach und nach zugeben und langsam glatt rühren.

2 1 EL Öl in einer großen Pfanne erhitzen. 3 kleine Teigportionen in die Pfanne gießen. Bei mittlerer Hitze von jeder Seite 3–4 Min. goldbraun braten. Dabei die Pfannkuchen erst wenden, wenn sich auf der Oberfläche Blasen gebildet haben. Aus der Pfanne nehmen, erneut 1 EL Öl erhitzen und die restlichen Pfannkuchen ausbacken.

Nährwerte pro Stück:
224 kcal | 16 g EW | 8 g F | 22 g KH

Arme Ritter mit Beerenschmand

FÜR 2 PORTIONEN

Zubereitung 20 Minuten

125 g gemischte Beeren (TK)
200 g Schmand
2 Eier
150 ml Milch
½ TL Vanillezucker
Salz
4 Scheiben altbackenes Körnerbrot (Grundrezept Seite 62)
1 EL Butterschmalz oder Rapsöl
Honig nach Geschmack

Tipp Die armen Ritter eignen sich auch wunderbar als Dessert.

1 Die Beeren antauen. Mit dem Schmand in ein hohes Gefäß geben und mit einem Stabmixer pürieren.

2 Eier, Milch, Vanillezucker und 1 Prise Salz in einem breiten tiefen Teller verquirlen. Die Brotscheiben mehrmals in der Eiermilch wenden.

3 Das Fett in einer großen beschichteten Pfanne erhitzen. Die Brotscheiben bei mittlerer Hitze von jeder Seite ca. 3 Min. braten. Die Armen Ritter herausnehmen und auf Küchenpapier entfetten. Mit dem Beerenschmand und etwas Honig beträufelt servieren.

Nährwerte pro Portion:
662 kcal | 19 g EW | 39 g F | 60 g KH

VARIANTE Anstelle von Beerenschmand können Sie je nach Saison auch Erdbeeren, Obstsalat oder Orangenscheiben zu den Armen Rittern servieren.

Bananen-Schoko-Pancakes

FÜR 4 STÜCK

Zubereitung 20 Minuten

1 Grundrezept Pancake-Teig (siehe Seite 66)
2 kleine Bananen
1 TL Zitronensaft
75 g Halbbitter-Schokolade (mind. 54 % Kakaogehalt)
2 EL Öl
Honig

1 Den Pancake-Teig wie beschrieben zubereiten.

2 Die Bananen schälen, klein schneiden und mit Zitronensaft beträufeln. Die Schokolade klein hacken.

3 1 EL Öl in einer großen Pfanne erhitzen. 3 kleine Teigportionen in die Pfanne gießen. Bei mittlerer Hitze von jeder Seite 3–4 Min. goldbraun braten. Sobald sich auf der Oberfläche Blasen gebildet haben, Bananenstücke und Schokochips darauf verteilen und wenden. Aus der Pfanne nehmen, erneut 1 EL Öl erhitzen und die restlichen Pfannkuchen ausbacken. Nach Geschmack mit etwas Honig beträufeln und servieren.

Nährwerte pro Stück:
446 kcal | 15 g EW | 17 g F | 57 g KH

Blaubeer-Pancakes mit Orangensirup

FÜR 6 STÜCK

Zubereitung 20 Minuten

150 ml Orangensaft
5 EL Ahornsirup
200 g Blaubeeren
1 Grundrezept Pancake-Teig
(siehe Seite 66)
2 EL Öl

1 Den Orangensaft in einem kleinen Topf zum Kochen bringen und bei mittlerer Hitze dickflüssig einkochen. Den Ahornsirup darunterrühren. Blaubeeren verlesen und waschen. Einige zum Garnieren beiseitelegen.

2 1 EL Öl in einer großen Pfanne erhitzen. 3 kleine Teigportionen in die Pfanne gießen. Bei mittlerer Hitze von jeder Seite 3–4 Min. goldbraun braten. Sobald sich auf der Oberfläche Blasen gebildet haben, Blaubeeren darauf verteilen und wenden. Aus der Pfanne nehmen, erneut 1 EL Öl erhitzen und die restlichen Pfannkuchen ausbacken.

3 Die fertigen Pancakes auf Teller geben, mit den restlichen Blaubeeren und etwas Ahornsirup servieren.

Nährwerte pro Stück:
270 kcal | 16 g EW | 8 g F | 32 g KH

Mittagsrezepte

Tagesmitte mit großer Vielfalt

- Vielseitig und frisch
- Süß und pikant, vegetarisch, mit Fisch und Fleisch
- Gut gelaunt in die zweite Tageshälfte

Sauerkrautsuppe mit Apfel und Lauch

FÜR 2 PORTIONEN

Zubereitung 30 Minuten

Kochzeit 20 Minuten

75 g Lauch
1 säuerlicher Apfel
1 Knoblauchzehe
150 g Sauerkraut
1 EL Rapsöl
1 TL Paprikapulver, edelsüß
1 Msp. gemahlener Kümmel
200 ml Apfelsaft, naturtrüb
1 l Gemüsebrühe
Abrieb von 1 Bio-Orange
3 EL Sahne
Salz, schwarzer Pfeffer

1 Den Lauch längs halbieren, gründlich waschen und quer in Streifen schneiden. Den Apfel schälen, vierteln, entkernen und in Scheiben schneiden. Den Knoblauch abziehen und fein hacken. Das Sauerkraut auf einem Sieb abtropfen lassen und grob hacken.

2 Das Öl in einem Topf erhitzen. Lauch, Apfelscheiben und Knoblauch darin bei mittlerer Hitze unter Rühren 1 Min. anschwitzen. Das Sauerkraut dazugeben, ca. 1 Min. dünsten, mit Paprikapulver und Kümmel bestreuen und mit Apfelsaft ablöschen.

3 Gemüsebrühe dazugießen und aufkochen. Bei mittlerer Hitze ca. 20 Min. kochen. Nach ca. 10 Min. den Orangenabrieb dazugeben. Zum Schluss Sahne unterrühren, einmal aufkochen und mit Salz und Pfeffer würzen.

Nährwerte pro Portion:
225 kcal | 3 g EW | 11 g F | 21 g KH

Kürbis-Kokosmilchsuppe mit Hähnchenbrust

FÜR 6 PORTIONEN

Zubereitung 15 Minuten

Kochzeit 30 Minuten

600 g Butternut-Kürbis
50 g frischer Ingwer
2 kleine Zwiebeln
2 Knoblauchzehen
1 EL Öl
800 ml Gemüsebrühe
250 ml Kokosmilch
Salz, schwarzer Pfeffer
2–3 EL Honig
100 g geräucherter Hähnchenbrustaufschnitt
etwas Schnittlauch (TK)

1 Den Kürbis schälen, halbieren und die Kerne mit einem Löffel herauskratzen. Kürbisfleisch in 1 cm große Würfel schneiden. Ingwer schälen und in Streifen schneiden. Zwiebeln und Knoblauch abziehen und fein würfeln.

2 Das Öl in einem Topf erhitzen. Zwiebeln, Ingwer und Knoblauch darin bei mittlerer Hitze und unter Rühren 5 Min. andünsten. Den Kürbis dazugeben und ca. 4 Min. dünsten. Brühe und Kokosmilch dazugießen und aufkochen. Bei schwacher Hitze ca. 30 Min. köcheln lassen und mit dem Stabmixer pürieren. Wieder aufkochen und mit Salz, Pfeffer und Honig würzen.

3 Die Suppe portionsweise auf Teller verteilen, Hähnchenbrust in Streifen schneiden, darüberstreuen und mit etwas Schnittlauch garnieren.

Nährwerte pro Portion:
98 kcal | 5 g EW | 2 g F | 13 g KH

Linsentopf mit Pfeffer-Tofu

FÜR 2 PORTIONEN

Zubereitung 20 Minuten

2 Knoblauchzehen
1 Zwiebel
1 EL Öl
100 g rote Linsen
2 EL Currypulver
1 TL gemahlener Ingwer
400 ml Gemüsebrühe
100 ml Kokosmilch
150 g Pfeffer-Tofu
1 TL Limettensaft
(alternativ Zitrone)
Salz, schwarzer Pfeffer

1 Die Knoblauchzehen und die Zwiebel abziehen und beides grob hacken.

2 Das Öl in einem Topf erhitzen und Zwiebeln und Knoblauch darin kurz farblos anschwitzen. Linsen, Currypulver und Ingwer dazugeben, 20 Sek. dünsten und mit Brühe und Kokosmilch auffüllen. Zugedeckt aufkochen und bei mittlerer Hitze ca. 10 Min. sanft kochen.

3 Inzwischen den Tofu würfeln. Unter die gegarten Linsen mischen und kurz erwärmen. Mit Limettensaft, Salz und Pfeffer würzen.

Nährwerte pro Portion:
301 kcal | 20 g EW | 9 g F | 34 g KH

Tipp Dazu schmeckt etwas Joghurt mit Minze und Limettensaft und ein gebratenes Fischfilet. Für das Rezept eignet sich jeder gewürzte oder neutrale Tofu.

Gemüseeintopf mit Würstchen

FÜR 2 PORTIONEN

Zubereitung 15 Minuten

Garzeit 20 Minuten

200 g Möhren
200 g mehligkochende Kartoffeln
1 Zwiebel
200 g grüne Bohnen (alternativ TK)
100 g Blumenkohl (alternativ TK)
100 g Tomaten
4 EL Rapsöl
Salz, schwarzer Pfeffer
500 ml Gemüsebrühe
8 Mini-Wiener
2 EL gehackte Kräuter (z. B. Petersilie oder Basilikum, auch TK)

1 Möhren und Kartoffeln putzen, schälen und klein würfeln. Zwiebel abziehen und klein würfeln. Bohnen putzen, waschen, abtropfen lassen und klein schneiden. Blumenkohl putzen, waschen und in Röschen teilen.

2 Die Tomaten waschen, kreuzweise einschneiden, kurz in kochendes Wasser legen und abschrecken; häuten, vierteln und die Stielansätze abschneiden.

3 Öl in einem Topf erhitzen. Zwiebel, Kartoffeln und Bohnen ca. 5 Min. unter Rühren dünsten, mit Salz und Pfeffer würzen. Brühe dazugießen, aufkochen und zugedeckt ca. 5 Min. bei mittlerer Hitze kochen. Möhren und Blumenkohl zugeben und zugedeckt ca. 15 Min. garen. Würstchen und Tomaten einlegen und 2 Min. erhitzen. Mit Salz und Pfeffer abschmecken und Kräutern bestreuen.

Nährwerte pro Portion:
601 kcal | 19 g EW | 44 g F | 30 g KH

Kalte Süßkartoffel-Lauch-Suppe mit Krabben

FÜR 4 PORTIONEN

Zubereitung 15 Minuten

Garzeit 35 Minuten

750 g Süßkartoffeln
1 Bund Frühlingszwiebeln
1 rote Chilischote
2 EL Olivenöl
800 ml Gemüsebrühe
400 ml Kokosmilch
Salz, schwarzer Pfeffer
1 EL Zitronensaft
100 g Nordsee-Krabben

VARIANTE Anstelle der Krabben können Sie auch gekochte Hähnchenbrustwürfel verwenden.

1 Die Süßkartoffeln waschen, schälen und in 3 cm große Würfel schneiden. Die Frühlingszwiebeln waschen, putzen und grob zerschneiden. Die Chilischote waschen, längs halbieren, entkernen und die Fruchthälften grob hacken.

2 Das Öl in einem größeren Topf erhitzen, das Gemüse einlegen und bei mittlerer Hitze unter Rühren in ca. 5 Min. anschwitzen. Die Brühe und die Kokosmilch dazugießen und alles aufkochen. Bei mittlerer Hitze in ca. 35 Min. garen.

3 Die Suppe mit einem Stabmixer pürieren und durch ein feines Sieb gießen. Noch feste Bestandteile vom Gemüse mit dem Rücken einer Suppenkelle durch das Sieb drücken. Die Süßkartoffel-Lauch-Suppe anschließend abkühlen lassen und am besten über Nacht kalt stellen.

4 Vor dem Servieren mit Salz, Pfeffer und Zitronensaft würzen. Ist die Suppe zu dickflüssig, mit etwas Wasser oder kalter Gemüsebrühe verdünnen. Portionsweise auf Suppenschüsseln verteilen, die Krabben einstreuen und servieren.

Nährwerte pro Portion:
255 kcal | 8 g EW | 7 g F | 39 g KH

Tipp Diese Suppe ist perfekt zum Mitnehmen ins Büro. Sie lässt sich auch gut einfrieren.

Rucolasalat mit Hähnchen und Papaya

FÜR 2 PORTIONEN

Zubereitung 15 Minuten

125 g Rucola
1 kleine Papaya
2 mittlere Tomaten
1 Bund Frühlingszwiebeln
1 EL dunkler Balsamico
1 TL mittelscharfer Senf
1 TL Honig
Salz, schwarzer Pfeffer
6 EL Olivenöl
250 g Hähnchenbrustfilet
Außerdem: Klarsichtfolie, Nudelholz

1 Den Rucola putzen, waschen und mit Küchenpapier trocken tupfen. Die Papaya halbieren, mit einem Löffel entkernen und die Frucht schälen. Das Fruchtfleisch in mundgerechte Würfel schneiden. Die Tomaten waschen, Stielansätze entfernen, vierteln, entkernen und das Fruchtfleisch würfeln. Die Frühlingszwiebeln putzen und das Weiße und Hellgrüne in feine Ringe schneiden.

2 Für die Vinaigrette in einer Schüssel Balsamico, Senf und Honig mit etwas Salz und Pfeffer verrühren. 5 EL Öl untermischen. Den Rucola mit den Frühlingszwiebeln unter die Vinaigrette ziehen. Auf zwei Teller geben und Papaya- und Tomatenwürfel darüberstreuen.

3 Die Hähnchenbrust schräg und der Länge nach in dünne Scheiben schneiden und zwischen 2 gleich großen Stücken Klarsichtfolie mit einem Nudelholz leicht plattieren. Das Fleisch anschließend mit Salz und Pfeffer würzen.

4 Das restliche Öl in einer beschichteten Pfanne erhitzen und die Filets darin von jeder Seite 1 Min. braten. Die Schnitzel auf den Salat geben, auf zwei Tellern portionieren und sofort servieren.

Nährwerte pro Portion:
512 kcal | 31 g EW | 34 g F | 12 g KH

VARIANTE Für dieses sommerliche Gericht können Sie auch Putenbrust verwenden. In einer vegetarischen Variante schmeckt der Salat auch mit gewürfeltem Büffelmozzarella.

Frittata mit Lachsschinken und Spargel

FÜR 2 PORTIONEN

Zubereitung 30 Minuten

1 kleine Zwiebel
150 g weißer Spargel
Salz
50 g Lachsschinken
4 Eier
1 EL Petersilie (TK)
1 EL Öl
50 g Erbsen (TK)
schwarzer Pfeffer

Tipp Sie können anstelle von weißem Spargel auch grünen verwenden. Er muss nicht vorgegart werden. Einfach in Stücke schneiden und mit den Zwiebeln anschwitzen!

1 Die Zwiebel abziehen und fein würfeln. Den Spargel waschen, putzen, schälen und die holzigen Enden abschneiden. In einem Topf in kochendem Salzwasser in ca. 15 Min. weich garen. Die Stangen in mundgerechte Stücke und den Lachsschinken in Streifen schneiden.

2 In einer Schüssel die Eier mit der Petersilie verquirlen.

3 Das Öl in einer beschichteten Pfanne erhitzen und die Zwiebel darin bei mittlerer Hitze ca. 2 Min. glasig anschwitzen. Den Spargel dazugeben und ca. 1 Min. braten. Lachsschinken und Erbsen einstreuen und mit Salz und Pfeffer würzen. Die Eier in die Pfanne geben und zugedeckt bei schwacher Hitze in ca. 5 Min. stocken lassen. Die Frittata aus der Pfanne gleiten lassen, portionsweise auf Teller verteilen und sofort servieren.

Nährwerte pro Portion:
273 kcal | 21 g EW | 19 g F | 6 g KH

Gebackener Schafkäse mit Ajvar

FÜR 2 PORTIONEN

Zubereitung 10 Minuten

Backzeit 10 Minuten

2 große Tomaten
2 EL Olivenöl
Salz, schwarzer Pfeffer
4 EL Ajvar (Paprikapaste aus dem Glas)
175 g milder Schafkäse
1 EL Zitronensaft
2 TL Petersilie (TK)
2 EL Semmelbrösel
Außerdem: 2 ofenfeste Formen

1 Den Backofen auf 210° vorheizen (Umluft 180°).

2 Die Tomaten waschen, von den Stielansätzen befreien und das Fruchtfleisch in Scheiben schneiden. 2 kleine ofenfeste Formen mit etwas Öl ausstreichen. Die Tomaten hineinlegen, salzen und pfeffern. Ajvar darauf verteilen und Schafkäse darüberbröseln.

3 In einer kleinen Schüssel das restliche Olivenöl mit dem Zitronensaft und der Petersilie mischen und über den Käse träufeln. Mit reichlich Pfeffer würzen. Die Semmelbrösel über den Käse streuen. Im Ofen (Mitte) in ca. 10 Min. goldbraun backen.

Nährwerte pro Portion:
363 kcal | 17 g EW | 28 g F | 4 g KH

Tipp Sie können den Käse auch mit gehackten Oliven oder eingelegten Chilischoten bestreuen.

Möhren-Kürbiskernbrot mit Kräuterquark

FÜR 3 LAIBE

Zubereitung 8 Minuten

Quellzeit 40 Minuten

Backzeit 45 Minuten

1 Würfel frische Hefe
700 ml Möhrensaft
2 Möhren
350 g Weizenmehl (Type 405)
400 g Backeiweiß
100 g Kürbiskerne
3 TL Salz
2 ½ TL Zucker
2 EL Kräuterquark (Kühlregal)
2 Scheiben Kochschinken

1 In einer kleinen Schüssel unter Rühren die Hefe in dem Möhrensaft auflösen.

2 Die Möhren waschen und schälen. Das Mehl in eine große Schüssel geben und die Möhren mit einer feinen Reibe darüberraspeln. Das Mehl mit Backeiweiß, den Kürbiskernen, Salz und Zucker vermengen; die aufgelöste Hefe mit dem Möhrensaft dazugeben. Die Masse zu einem geschmeidigen Teig kneten; danach an einem warmen Ort zugedeckt so lange gehen lassen, bis sich sein Volumen verdoppelt hat. Den Ofen auf 180° vorheizen.

3 Aus dem Teig 3 Laibe formen und ca. 45 Min. backen. Anschließend auskühlen lassen. Von dem Brot 2 Scheiben abschneiden, mit Kräuterquark bestreichen und mit Schinken belegen.

Nährwerte pro Laib:
1203 kcal | 141 g EW | 21 g F | 114 g KH

Salat-Wraps mit Ingwer-Hähnchenbrust

FÜR 6 STÜCK

Zubereitung 18 Minuten

2 Hähnchenbrustfilets (ca. 250 g)
20 g Ingwerwurzel
1 kleine Knoblauchzehe
1 EL Olivenöl
Salz, schwarzer Pfeffer
100 g Hüttenkäse
1 TL Agavendicksaft
1 Möhre
6 große Blätter Eisbergsalat

Tipp Wenn Sie es geschmacklich etwas intensiver mögen, hacken Sie noch etwas Ingwer klein und rühren ihn unter die Möhrencrème.

1 Filets waschen, trocken tupfen und in Streifen schneiden. Ingwer und Knoblauch schälen und klein würfeln.

2 In einer Pfanne das Öl erhitzen, Ingwer und Knoblauch darin anbraten und das Fleisch dazugeben. Mit Salz und Pfeffer würzen und bei schwacher Hitze in 3–4 Min. garen. Beiseitestellen und abkühlen lassen.

3 Hüttenkäse und Agavendicksaft in einer mittelgroßen Schüssel glatt rühren. Die Möhre waschen, schälen und mit einer feinen Reibe darüberraspeln. Alles verrühren und mit Salz und Pfeffer abschmecken.

4 Das Fleisch mit der Möhrencreme vermengen. Salatblätter waschen und trocken schütteln. Auf der Arbeitsfläche ausbreiten, jeweils mit einem Sechstel der Füllung belegen und zu Wraps einrollen.

Nährwerte pro Stück:
262 kcal | 34 g EW | 10 g F | 7 g KH

Strammer Küsten-Maxe

FÜR 2 PORTIONEN

Zubereitung 15 Minuten

2 Scheiben Körnerbrot (je 1 cm dick, Rezept siehe Seite 62)
30 g Butter
2 Eier
4 dünne Scheiben Räucherschinken
50 g Nordsee-Krabben
Salz, schwarzer Pfeffer (grob)

VARIANTE Statt Räucherschinken können Sie auch Räucherlachs verwenden.

1 Die Brotscheiben nicht zu dunkel toasten.

2 Inzwischen die Butter in einer Pfanne bei schwacher Hitze schmelzen und vom Herd ziehen. Die Eier aufschlagen und in die heiße Butter gleiten lassen. Bei mittlerer Hitze in 3–4 Min. Spiegeleier braten.

3 Die Brote mit je 1 Schinkenscheibe und 1 Ei belegen. Die Krabben darüberstreuen. Mit Salz und grobem Pfeffer bestreuen und servieren.

Nährwerte pro Portion:
386 kcal | 33 g EW | 22 g F | 23 g KH

VARIANTE Anstelle von Krabben schmecken auch Flusskrebsschwänze (Supermarkt). Vor der Verwendung gut auf einem Sieb abtropfen lassen. Nach Belieben können Sie die Spiegeleier auch mit etwas klein gehacktem Dill (TK) bestreuen.

Matjes nach Hausfrauen-Art

FÜR 2 PORTIONEN

Zubereitung 15 Minuten

- 2 kleine Zwiebeln
- 1 kleine Gewürzgurke
- 2 säuerliche rote Äpfel
- 250 g saure Sahne
- 3 EL Joghurtmayonnaise
- Salz, schwarzer Pfeffer
- 2 TL Zitronensaft
- Worcester-Sauce
- 4 Matjesdoppelfilets (à ca. 85 g)
- 1 Bund Schnittlauch

Tipp Farblich spannender wird es, wenn Sie klein gewürfelte Rote Bete aus dem Glas unter die Sauce mischen.

1 Die Zwiebeln abziehen und in feine Streifen schneiden. Die Gewürzgurke klein würfeln. Die Äpfel schälen, vierteln und das Kerngehäuse entfernen; anschließend feinblättrig schneiden.

2 In einer Schüssel die saure Sahne mit der Mayonnaise verrühren. Apfelscheiben, Gurkenwürfel und Zwiebeln unterheben. Alles mit Salz, Pfeffer und Zitronensaft würzen. Nach Geschmack noch einige Tropfen Worcester-Sauce dazugeben.

3 Die Matjesfilets auf zwei Teller geben und die Sauce darüber verteilen. Den Schnittlauch waschen, trocken schütteln, in Röllchen schneiden und über den Fisch streuen.

Nährwerte pro Portion:
739 kcal | 33 g EW | 57 g F | 23 g KH

Bratwurstschnecken mit Currycreme und Ananas

FÜR 2 PORTIONEN

Zubereitung 15 Minuten

150 g Schmand
1 TL Currypulver
1 EL Zitronensaft
Salz, schwarzer Pfeffer
100 g geriebener Edamer
1 EL Rapsöl
2 kleine Bratwurstschnecken
2 Scheiben Ananas (Dose)
Außerdem: 1 kleine Auflaufform

Tipp Leichter wird das Rezept, wenn Sie die Bratwürste durch Hähnchenbrustfilet ersetzen und dazu einen knackigen Salat servieren!

1 Den Backofen auf 200° (Umluft 180°) vorheizen.

2 In einer Schüssel den Schmand mit Currypulver und Zitronensaft glatt rühren. Mit Salz und Pfeffer kräftig würzen und den Käse darunterrühren.

3 Das Öl in einer beschichteten Pfanne erhitzen und die Bratwurstschnecken darin von beiden Seiten jeweils ca. 2 Min. knusprig anbraten; dann nebeneinander in eine kleine Auflaufform legen. Die Ananasscheiben daraufsetzen und die Currycreme darübergießen. Im Ofen in 12 Min. goldgelb überbacken und sofort servieren.

Nährwerte pro Portion:
838 kcal | 31 g EW | 75 g F | 10 g KH

Tipp Sie können die gratinierte Bratwurst auch auf 2 Scheiben getoastetem Vollkorntoast anrichten.

Senfeier mit Petersilie

FÜR 2 PORTIONEN

Zubereitung 20 Minuten

4 Eier
1 Zwiebel
1 EL Öl
250 g Sahne
2 EL mittelscharfer Senf
1 EL gehackte Petersilie (TK)
Salz, schwarzer Pfeffer
Tabasco-Sauce

Tipp Zu den Senfeiern passt am besten Estragonsenf. Nach Belieben können Sie auch 2 Scheiben kross gebratenen Frühstücksspeck auf die Eier legen.

1 In einem Topf 1 Liter Wasser zum Kochen bringen. Die Eier einlegen und in 7 Min. hart kochen.

2 Die Zwiebel abziehen und fein würfeln. Das Öl in einer Pfanne erhitzen und die Zwiebelwürfel darin anschwitzen. Sahne zugeben und zum Kochen bringen. 1 Min. bei mittlerer Hitze leicht cremig kochen und vom Herd ziehen.

3 Den Senf unterrühren, Petersilie einstreuen und die Sauce mit Salz, Pfeffer und einigen Spritzern Tabasco würzen. Die Eier abgießen und kurz kalt abschrecken. Dann pellen und in der Senfsauce wenden.

Nährwerte pro Portion:
434 kcal | 18 g EW | 37 g F | 8 g KH

VARIANTE Sie können die Sauce auch mit körnigem Senf (Rôtisseur-Senf) zubereiten. Gehaltvoller werden die Senfeier, wenn Sie mit der Sahne noch 150 g aufgetauten, ausgedrückten TK-Blattspinat zur Sauce geben.

Crêpes (Grundteig)

FÜR 4 STÜCK

Zubereitung 10 Minuten

Ruhezeit 15 Minuten

50 g Mehl
25 g Backeiweiß
175 ml Milch
Salz
1 Ei (M)
1 EL Rapsöl
1 EL Öl zum Braten
Außerdem: Klarsichtfolie

1 In einer Schüssel Mehl, Backeiweiß, Milch und 1 Prise Salz mit den Quirlen des Handrührgeräts glatt rühren. Dann das Ei und 1 EL Öl unterrühren. Den Teig kalt stellen und 15 Min. ruhen lassen.

2 Eine beschichtete Pfanne (26 cm Ø) erhitzen und mit 1 TL Öl auspinseln. Nacheinander 4 dünne Pfannkuchen backen, dabei bei Bedarf die Pfanne erneut ölen.

3 Die Crêpes auf einen Teller stapeln und auskühlen lassen. Mit Klarsichtfolie umwickelt und bis zur weiteren Verwendung kalt stellen.

Nährwerte pro Portion:
159 kcal | 10 g EW | 8 g F | 11 g KH

Crêpes mit Erdbeersalat und Honigcreme

FÜR 4 STÜCK

Zubereitung 15 Minuten

4 Crêpes (siehe Grundrezept)
500 g Erdbeeren
8 Blätter Minze
3 EL Zitronensaft
4 EL Puderzucker
1–2 EL Honig
150 g Crème fraîche
Minzeblätter zum Garnieren

1 Crêpes wie im Grundrezept (oben) beschrieben zubereiten. Die Erdbeeren waschen und gut abtropfen lassen. Die Stielansätze entfernen und die Erdbeeren je nach Größe halbieren oder vierteln. Minzeblätter waschen, trocken tupfen und in feine Streifen schneiden.

2 Die Erdbeeren in einer Schüssel mit 2 ½ EL Zitronensaft und dem Puderzucker mischen. Die Minze untermengen und alles 15 Min. ziehen lassen, bis Saft austritt.

3 In einer Schüssel Honig, Crème fraîche und den restlichen Zitronensaft verrühren.

4 Je 2 Crêpes auf einen Teller geben. Auf 1 Crêpe jeweils ein Viertel der Erdbeeren löffeln und ihn dann dekorativ zusammenfalten. Mit der Honigcreme beträufeln und etwas Minze und Puderzucker garniert servieren.

Nährwerte pro Portion:
401 kcal | 11 g EW | 24 g F | 36 g KH

Crêpes mit Pilzragout

FÜR 4 STÜCK

Zubereitung 20 Minuten

4 Crêpes (Grundrezept Seite 88)
300 g gemischte Pilze
25 g getrocknete Tomaten (Glas)
1 Schalotte
1 Zweig Rosmarin
2 EL Olivenöl
175 g Sahne
20 g junger Ziegenkäse
Salz, schwarzer Pfeffer

Tipp Das Pilzragout schmeckt auch fein zu Schweine- oder Kalbschnitzeln.

1 Crêpes wie im Grundrezept beschrieben zubereiten. Die Pilze putzen und in grobe Stücke schneiden. Tomaten auf einem Sieb gut abtropfen lassen und fein würfeln. Schalotte abziehen und klein würfeln. Rosmarin waschen, trocken schütteln, Nadeln abzupfen und fein hacken.

2 Das Öl in eine Pfanne geben und die Pilze darin bei mittlerer Hitze ca. 2 Min. unter Rühren anbraten. Die Schalottenwürfel dazugeben und ca. 1 Min. bei mittlerer Hitze braten. Sahne zugeben und Tomatenwürfel einstreuen. Bei schwacher Hitze ca. 1 Min. köcheln lassen. Den Ziegenkäse in die Sauce geben und kurz aufkochen lassen. Mit Salz und Pfeffer würzen.

3 Die Crêpes im Ofen bei 80° kurz erwärmen. Je 2 Stück auf einen Teller geben und mit Pilzsauce füllen. Zusammenklappen und sofort servieren.

Nährwerte pro Portion:
334 kcal | 14 g EW | 24 g F | 14 g KH

Crêpes mit Tomaten-Schinken-Füllung

FÜR 4 STÜCK

Zubereitung 30 Minuten

4 Crêpes (Grundrezept Seite 88)
50 g getrocknete Tomaten
100 g Frischkäse (fettreduziert)
Salz, schwarzer Pfeffer
125 g Kochschinkenaufschnitt
125 g geriebener Mozzarella (Supermarkt, alternativ Pizzakäse)
Außerdem: Alufolie

Tipp Sie können in die Füllung auch etwas Salat geben. Am besten eignet sich Rucola mit seiner festen Struktur und seinem herb-bitteren Geschmack.

1 Crêpes wie im Grundrezept beschrieben zubereiten. Die Tomaten auf einem Sieb abtropfen lassen und fein hacken. In einer Schüssel mit Frischkäse mischen und mit Salz und Pfeffer würzen. Den Ofen auf 170° vorheizen.

2 Die Crêpes auf ein Brett legen und mit dem Frischkäse bestreichen. Den Schinken darauflegen und mit geriebenem Mozzarella bestreuen. Die Crêpes aufrollen, dabei die Seiten einklappen, damit die Füllung nicht herausfällt. Anschließend in Alufolie wickeln.

3 Die Rollen im Ofen (Mitte) ca. 10 Min. backen. Sofort servieren, am besten mit einem frischen Salat der Saison.

Nährwerte pro Portion:
349 kcal | 25 g EW | 22 g F | 13 g KH

Vegetarische Paella

FÜR 2 PORTIONEN

Zubereitung 20 Minuten

Garzeit 25 Minuten

25 g Mandelstifte
1 Zwiebel
1 Knoblauchzehe
1 gelbe Paprikaschote
1 rote Paprikaschote
1 kleiner Zucchino
2 EL Öl
100 g weißer Reis
1 Prise Safranfäden
1 EL Paprikapulver, edelsüß
400 ml Geflügelbrühe
75 g Erbsen (TK)
Salz, schwarzer Pfeffer
2 Frühlingszwiebeln
1 Bio-Zitrone

Tipp Statt Erbsen können Sie auch dicke TK-Bohnen verwenden. Noch authentischer wird das Gericht mit Paella-Reis (Supermarkt).

1 Die Mandeln in einer Pfanne ohne Fett bei mittlerer Hitze goldbraun rösten. Zwiebel und Knoblauch abziehen und beides fein hacken. Die Paprikaschoten waschen, vierteln, entkernen und die Viertel in 1 cm große Würfel schneiden. Den Zucchino waschen und ebenfalls würfeln.

2 Das Öl in einer Pfanne erhitzen. Paprika, Zucchino, Zwiebel und Knoblauch darin bei mittlerer Hitze farblos anschwitzen. Den Backofen auf 180° (Umluft nicht empfehlenswert) vorheizen.

3 Den Reis dazugeben, mit Safran und Paprikapulver bestäuben und kurz anschwitzen. Mit Brühe auffüllen und aufkochen. Die Erbsen dazugeben. Die Paella mit Salz und Pfeffer würzen und anschließend kurz umrühren.

4 Die Paella ca. 25 Min. im Backofen (unterste Schiene) garen. Inzwischen die Frühlingszwiebeln waschen, putzen und in feine Ringe schneiden. Zitrone waschen und in Spalten schneiden. Die Paella herausnehmen, mit Frühlingszwiebeln und Mandeln bestreuen, mit Zitronenspalten garnieren und heiß servieren.

Nährwerte pro Portion:
443 kcal | 12 g EW | 19 g F | 54 g KH

Tipp In die Paella passt jedes saisonal geerntetes Gemüse. Die meisten grünen Sorten (zum Beispiel grüner Spargel, Bohnen oder Brokkoli) können Sie roh dazugeben. Weißer Spargel muss jedoch vorher geschält und 5 Min. in kochendem Wasser blanchiert werden.

Vegetarisches Pad Thai

FÜR 2 PORTIONEN

Zubereitung 40 Minuten

175 g breite Reisnudeln (Asialaden)
Salz
40 g geröstete, gesalzene Cashewkerne
2 Limetten
150 g Mungobohnensprossen (Glas)
½ Bund frischer Koriander
2 Knoblauchzehen
1 frische rote Chilischote
1 Bund Frühlingszwiebeln
150 g Tofu
1 daumengroßes Stück Ingwer
2 Eier
3 EL Sojasauce
3 EL Öl
Saft von 1 Limette

1 Die Nudeln in einen Topf mit reichlich kochendem Salzwasser streuen und nach Packungsanleitung garen. Auf ein Sieb gießen, kalt abschrecken und abtropfen lassen.

2 Die Cashewkerne fein hacken. Die Limetten auspressen. Die Sprossen auf einem Sieb kalt abspülen. Den Koriander waschen, trocken schütteln und abzupfen. Den Knoblauch abziehen und fein hacken. Die Chilischote waschen, putzen, entkernen und in Ringe schneiden. Die Frühlingszwiebeln waschen, putzen und in Ringe schneiden. Den Tofu würfeln. Den Ingwer schälen, in einer Knoblauchpresse ausdrücken und den Saft beiseitestellen.

3 In einer Schüssel die Eier mit 1 EL Sojasauce verquirlen. 1 TL Öl in einer beschichteten Pfanne erhitzen, die Eimasse hineingeben und bei mittlerer Hitze in ca. 2 Min. stocken lassen, wenden und noch 1–2 Min. braten. Herausnehmen, aufrollen und in Streifen schneiden, die ebenso breit sind wie die Reisnudeln.

4 2 EL Öl in einer Pfanne erhitzen. Den Tofu darin in ca. 2 Min. rundherum anbraten. Frühlingszwiebeln, Chiliringe, Knoblauch und Sprossen dazugeben und ca. 1 Min. braten. Die Nudeln mit den Eierstreifen in die Pfanne geben und ca. 3 Min. bei mittlerer Hitze braten. Mit 2 EL Sojasauce, Ingwersaft, Limettensaft und Salz würzen. Korianderblätter und Cashewnüsse darüberstreuen, auf zwei Tellern anrichten und servieren.

Nährwerte pro Portion:
801 kcal | 29 g EW | 34 g F | 92 g KH

VARIANTE Nach Belieben können Sie mit den Nudeln auch 150 g abgezupftes, gegrilltes Hähnchenfleisch in die Pfanne geben. Fein schmecken auch gebratene Kalmarstreifen oder Garnelen.

Ratatouille-Tarte

FÜR 1 TARTE (8 PORTIONEN)

Zubereitung 35 Minuten

Ruhezeit 60 Minuten

Backzeit 55 Minuten

Für den Mürbteig:
200 g Butter
Salz
2 Eigelbe (M)
200 g Mehl
100 g Backeiweiß

Für die Füllung:
150 g cremiger Schafkäse
150 g Crème fraîche
3 EL Olivenöl
1 Knoblauchzehe
Salz, schwarzer Pfeffer
200 g Aubergine
250 g Zucchini
350 g Eiertomaten
1 rote Paprikaschote (ca. 220 g)
50 g geriebener Emmentaler
½ Bund Basilikum

Außerdem: Klarsichtfolie, 1 Tarteform (24 cm Ø), Butter zum Fetten, Mehl zum Bestäuben, Backpapierkreis (24 cm Ø), 200 g getrocknete Hülsenfrüchte (z. B. Erbsen oder Bohnenkerne)

1 Für den Teig in einer Schüssel mit dem Handrührgerät die Butter mit 1 Prise Salz glatt rühren. Die Eigelbe nacheinander gut unterrühren. 2 EL Wasser, Mehl und Backeiweiß dazugeben und alles rasch zu einem glatten Teig verkneten. Zu einer Kugel formen, in Klarsichtfolie einwickeln und ca. 60 Min. ruhen lassen.

2 Eine Tarteform fetten und mit Mehl bestäuben. Den Teig zu einem Kreis von ca. 26 cm Ø ausrollen, in die Form legen und andrücken. Den Ofen auf 190° (Umluft 170°) vorheizen.

3 Den Backpapierkreis auf den Teigboden legen, mit getrockneten Hülsenfrüchten bestreuen und im Ofen (2. Schiene von unten) ca. 25 Min. vorbacken. Herausziehen, Hülsenfrüchte und Backpapier entfernen und den Boden in der Form kurz auskühlen lassen.

4 In einer Schüssel Schafkäse und Crème fraîche mit 1 EL Öl verrühren. Knoblauch abziehen, fein hacken und untermischen. Mit Salz und Pfeffer würzen und beiseitestellen.

5 Aubergine und Zucchini waschen, in dünne Scheiben schneiden und leicht salzen. 1 EL Öl in einer Pfanne erhitzen. Aubergine anbraten, 1 EL Öl zugeben, und Zucchini einstreuen und bei mittlerer Hitze anbraten. Herausheben und auf Küchenpapier entfetten. Die Tomaten waschen, Stielansätze entfernen und das Fruchtfleisch in Scheiben schneiden. Paprikaschote waschen, putzen, entkernen und in Ringe schneiden.

6 Den Tarteboden mit der Käsecreme bestreichen. Aubergine, Tomaten, Zucchini und Paprikaringe darauflegen. Die Tarte 30 Min. backen. Nach 15 Min. mit dem Käse bestreuen. Die Basilikumblätter waschen, abtupfen, zerzupfen, auf die heiße Tarte streuen und sofort servieren.

Nährwerte pro Portion:
545 kcal | 21 g EW | 41 g F | 23 g KH

Gedämpfter Lachs auf Gemüse

FÜR 2 PORTIONEN

Zubereitung 15 Minuten

1 Knoblauchzehe
1 Möhre
2 Stangen Lauch
1 Stange Staudensellerie
¼ Brokkoli (ca. 100 g)
1 Bund Petersilie
1 EL Olivenöl
Salz, schwarzer Pfeffer
500 ml Gemüsebrühe
2 Lachsfilets (ca. 250 g)

Tipp Besonders aromatisch wird das Gemüse, wenn Sie 2 Lorbeerblätter mitgaren. Diese vor dem Servieren entfernen.

1 Den Knoblauch abziehen und in Scheiben schneiden. Die Möhre waschen, schälen, längs halbieren und klein würfeln. Lauch, Staudensellerie und Brokkoli waschen. Lauch und Sellerie putzen, längs halbieren und klein würfeln, den Brokkoli in Röschen teilen. Petersilie waschen, trocken schütteln, abzupfen und fein hacken.

2 Das Öl in einem Topf erhitzen, die Gemüsewürfel und den Knoblauch einstreuen und 2 Min. bei mittlerer Hitze anschwitzen. Mit Salz und Pfeffer würzen und Gemüsebrühe ablöschen, sodass alles gut bedeckt ist. Langsam aufkochen lassen.

3 Den Lachs salzen und pfeffern, in einen Dämpfaufsatz legen und diesen auf den Topf setzen. Mit dem Gemüse in 10 Min. garen. Den Dämpfeinsatz herausheben, die Gemüsewürfel mit der gehackten Petersilie bestreuen und mit Salz und Pfeffer abschmecken. Mit dem Lachs portionsweise auf zwei Tellern anrichten.

Nährwerte pro Portion:
369 kcal | 29 g EW | 23 g F | 9 g KH

Tipp Sollten Sie keinen Dämpfaufsatz haben, können Sie den Lachs auch auf das Gemüse setzen, sobald die Flüssigkeit etwas eingekocht ist.

Beilagen-Tipp Zu diesem Gericht schmeckt fein ein Grünkern-Gemüse-Risotto: Während Sie die Gemüse vorbereiten, in einem Topf mit reichlich Wasser 80 g Grünkern 10 Min. kochen, kurz vor Ende der Garzeit salzen und dann mit dem Gemüse anschwitzen. Das Gericht anschließend, wie im Rezept beschrieben, zubereiten. Zum Schluss 2 EL geriebenen Parmesan unter das Risotto mischen.

Pannfisch mit Blattspinat

FÜR 2 PORTIONEN

Zubereitung 20 Minuten

150 g Blattspinat (TK)
1 Schalotte
25 g Butter
150 ml Weißwein
2 Stück festfleischiges, weißes Fischfilet (z. B. Steinbeißer oder Zander, à 175 g)
Salz
2 Eigelbe
150 g Sahne
schwarzer Pfeffer
2–3 EL körniger Senf
2 TL Zitronensaft

INFO Der klassische Pannfisch wird, wie der Name schon sagt, in der Pfanne gebraten. In unserer Rezeptvariante wird der Fisch schonender und fettärmer gegart.

1 Den Spinat auftauen und anschließend gut in einem Sieb ausdrücken.

2 Die Schalotte abziehen und fein würfeln. In einem flachen Topf die Butter schmelzen und die Schalottenwürfel darin bei mittlerer Hitze glasig anschwitzen. Mit Weißwein ablöschen.

3 Den Fisch salzen, in den Topf geben und zugedeckt bei mittlerer Hitze ca. 6 Min. dünsten.

4 In einer Schüssel die Eigelbe mit der Sahne verrühren. Den Fisch mit einer Schaumkelle aus dem Topf heben und warm stellen.

5 Spinat in den Sud geben und unter Rühren zusammenfallen lassen. Mit etwas Salz und Pfeffer würzen. Die Ei-Sahne-Mischung dazugeben und bis knapp unter dem Siedepunkt erhitzen. Auf keinen Fall kochen lassen! Den Senf unterrühren. Mit Salz, Pfeffer und Zitronensaft würzen. Den Fisch portionsweise auf dem Spinat anrichten und mit der Sauce servieren.

Nährwerte pro Portion:
501 kcal | 36 g EW | 32 g F | 7 g KH

VARIANTE Anstatt mit körnigem Senf können Sie das Gericht auch mit normalem Senf, Estragon-Senf oder süßem Senf zubereiten. Bei der Verwendung von süßem Senf etwas Essig zugeben.

Beilagen-Tipp Zum Pannfisch passen kleine festkochende Pellkartoffeln.

Brokkoli-Curry mit Erdnüssen

FÜR 2 PORTIONEN

Zubereitung 25 Minuten

200 g Brokkoli
150 g grüner Spargel
1 Zwiebel
1 Knoblauchzehe
2 cm frischer Ingwer
2 EL Erdnüsse (ungesalzen)
2 EL Öl
½ TL Cayennepfeffer
1 Msp. Korianderpulver
½ TL Kurkuma
1 Msp. gemahlener Kreuzkümmel
1 EL grüne Curry-Paste (Asialaden)
1 Dose Kokosmilch (400 g)
1 EL Erdnussbutter
Salz

Tipp Als Gemüse können Sie auch Zucchiniwürfel oder eine klein gewürfelte rote Paprikaschote in diesem Gericht verwenden. Um die orientalische Note des Curry noch zu unterstreichen, geben Sie zum Schluss 2 EL frisch gehackte Korianderblätter darüber.

1 Den Brokkoli waschen, putzen und in kleine Röschen teilen. Den grünen Spargel waschen, die Stangen an den unteren Enden schälen und in daumenbreite Stücke schneiden. Zwiebel und Knoblauch abziehen und fein würfeln. Den Ingwer schälen und fein reiben.

2 Die Erdnüsse in einer beschichteten Pfanne ohne Fett rösten, bis sie duften.

3 Öl in einer großen Pfanne erhitzen. Zwiebel, Knoblauch und Ingwer darin andünsten. Mit Cayennepfeffer, Koriander, Kurkuma und Kreuzkümmel würzen. Die Curry-Paste und die Erdnüsse zugeben und kurz mit anbraten.

4 Die Kokosmilch dazugießen, Erdnussbutter einrühren und alles bei mittlerer Hitze zum Kochen bringen. Den Brokkoli und den Spargel dazugeben und bei mittlerer Hitze ca. 5 Min. köcheln lassen. Salzen und zum Schluss nach Belieben mit den Gewürzen aus der Zutatenliste abschmecken.

Nährwerte pro Portion:
598 kcal | 13 g EW | 54 g F | 14 g KH

VARIANTE Tofu passt ebenfalls hervorragend zu diesem Gericht. Dazu den Tofu würfeln und in Sesamsamen wälzen. 1 EL Öl in einer Pfanne erhitzen und die Würfel darin kurz anbraten.

Orangen-Couscous mit Chili-Steaks

FÜR 2 PORTIONEN

Zubereitung 20 Minuten

2 Stangen Lauch
1 Knoblauchzehe
2 EL Olivenöl
100 g Couscous
500 ml Orangensaft
Salz, schwarzer Pfeffer
4–5 Salbeiblätter
1 Bio-Orange
2 Rinderhüftsteaks (à 150 g)
1 Chilischote

Tipp Für eine mildere Schärfe verwenden Sie anstatt der Chilischote schwarzen Pfeffer aus der Mühle.

1 Den Lauch waschen und putzen. Die Knoblauchzehe abziehen und mit dem Lauch in feine Scheiben schneiden. In einem Topf 1 EL Öl erwärmen, Lauch und Knoblauch darin in ca. 2 Min. anschwitzen. Das Couscous einstreuen und mit Orangensaft ablöschen, salzen und pfeffern. Bei schwacher Hitze komplett einkochen.

2 Salbei waschen, trocken tupfen und in feine Streifen schneiden. Die Orange schälen und die Filets aus den Trennhäuten schneiden. Salbei und Fruchtfilets kurz vor Ende der Kochzeit zum Couscous geben.

3 Die Steaks vierteln. Die Chilischote waschen, entkernen und klein hacken. Öl in eine Pfanne geben und Fleisch und Chili bei starker Hitze 2 Min. anbraten, wenden, 2 Min braten und salzen. Mit dem Couscous anrichten.

Nährwerte pro Portion:
706 kcal | 39 g EW | 30 g F | 68 g KH

Hähnchenleber nach »Berliner Art«

FÜR 2 PORTIONEN

Zubereitung 20 Minuten

200 g Zwiebeln
350 g Hähnchenleber
2 säuerliche Äpfel
4 Salbeiblätter
3 EL Rapsöl
Salz, schwarzer Pfeffer
100 ml trockener Weißwein

1 Die Zwiebeln abziehen und in feine Ringe schneiden. Die Lebern waschen und gründlich von Sehnen und Fett befreien. Äpfel waschen, vierteln, entkernen und in Scheiben schneiden. Salbeiblätter waschen und trocken tupfen.

2 1 EL Öl in einer Pfanne erhitzen. Apfelscheiben darin von jeder Seite ca. 2 Min. braten und auf zwei Teller verteilen. Die Pfanne mit Küchenpapier auswischen.

3 2 EL Öl in der Pfanne erhitzen und die Lebern darin anbraten. Salzen, pfeffern und beiseitestellen.

4 Zwiebelringe in die Pfanne geben und bei mittlerer Hitze unter Rühren in ca. 6 Min. weich dünsten; salzen und pfeffern. Mit Weißwein ablöschen, die Lebern einlegen. Salbei und Apfelscheiben dazugeben und erhitzen. Die Zwiebeln mit den Lebern auf die Teller anrichten.

Nährwerte pro Portion:
493 kcal | 40 g EW | 24 g F | 19 g KH

Hähnchenkeulen mit Senfsauce

FÜR 2 PORTIONEN

Zubereitung 20 Minuten

Backzeit 45 Minuten

3 EL Olivenöl
1 TL Paprikapulver, edelsüß
Salz, schwarzer Pfeffer
6 Hähnchenunterkeulen
1 kleine Zwiebel
1 Knoblauchzehe
125 ml trockener Weißwein
200 g Sahne
2 EL körniger Senf
1 EL mittelscharfer Senf
etwas Zitronensaft
Außerdem: Backpapier

Tipp Die Senfsauce passt auch hervorragend zu kurz gebratener Hähnchenbrust.

1 Den Ofen auf 200° (Umluft 185°) vorheizen.

2 In einer flachen Schüssel 2 EL Öl, Paprikapulver, Salz und Pfeffer verrühren und die Hähnchenkeulen darin wälzen. Mit der Haut nach oben auf ein mit Backpapier belegtes Backblech geben und in ca. 45 Min. im Ofen (Mitte) knusprig backen.

3 Inzwischen Zwiebel und Knoblauch abziehen und fein würfeln. In einem Topf das restliche Öl erhitzen und Zwiebel- und Knoblauchwürfel darin bei mittlerer Hitze ca. 2 Min. andünsten. Weißwein dazugeben und komplett einkochen. Sahne angießen und cremig einkochen. Mit Salz und Pfeffer würzen und beiseitestellen.

4 Sobald die Keulen gar sind, die Sauce erneut erhitzen und die beiden Senfsorten unterrühren. Mit Salz und Pfeffer sowie etwas Zitronensaft abschmecken. Die Keulen mit der Sauce portionsweise auf zwei Tellern anrichten.

Nährwerte pro Portion:
642 kcal | 32 g EW | 49 g F | 9 g KH

Beilagen-Tipp Zu den Keulen schmecken Ofenkartoffeln: Dazu 300 g kleine Kartoffeln 10 Min. in einem Topf mit Salzwasser kochen. Dann pellen, mit Salz und Pfeffer würzen, die Hähnchenkeulen auf das Blech geben und 45 Min. backen.

Königsberger Klopse

FÜR 2 PORTIONEN

Zubereitung 60 Minuten

1 altbackenes, weißes Brötchen
75 g Zwiebel
½ Bund glatte Petersilie
40 g Kapern (Glas)
400 g Kalbshackfleisch
1 Ei
1 Eigelb
1 EL mittelscharfer Senf
Salz, schwarzer Pfeffer
1,75 l Salzwasser
(alternativ Gemüsebrühe)
3–4 TL Speisestärke
200 g Sahne

Tipp Dazu schmeckt Rote-Bete-Salat (aus dem Glas).

1 Das Brötchen in einer Schüssel mit etwas warmem Wasser ca. 10 Min. einweichen. Die Zwiebel abziehen und fein würfeln. Die Petersilie waschen, trocken schütteln und fein hacken. Kapern auf einem Sieb abtropfen lassen.

2 Das eingeweichte Brötchen gut ausdrücken und in einer Schüssel mit dem Hackfleisch, dem Ei, dem Eigelb, den Zwiebelwürfeln, der Petersilie und dem Senf vermischen; die Masse mit Salz und Pfeffer würzen. Den Fleischteig mit feuchten Händen zu 8 Klopsen formen.

3 In einem größeren Topf das Salzwasser oder die Brühe zum Kochen bringen, die Klopse hineingeben und die Flüssigkeit aufkochen lassen. Die Klopse zugedeckt bei mittlerer Hitze knapp unter dem Siedepunkt in ca. 20 Min. gar ziehen lassen.

4 Von dem Fond 600 ml abmessen und die Klopse im restlichen Sud warm halten. Die Flüssigkeit durch ein feines Sieb in einen zweiten Topf geben und zum Kochen bringen. In einer kleinen Schüssel Speisestärke in wenig kaltem Wasser glatt rühren, in die kochende Brühe quirlen und ca. 3 Min. kochen, bis die Sauce cremig wird. Die Kapern und die Sahne dazugeben und ca. 1 Min. kochen. Mit Salz und Pfeffer würzen.

5 Die Klopse mit einer Schaumkelle aus dem Sud heben, abtropfen lassen und in die Sauce geben. Portionsweise auf zwei Tellern anrichten und heiß servieren.

Nährwerte pro Portion:
594 kcal | 51 g EW | 30 g F | 24 g KH

Snacks

Genusspause mit Abnehmgarantie

- Feine Kleinigkeiten für zwischendurch
- Gesund und erfrischend
- Nie mehr Heißhunger!

Gurken-Melonen-Drink

FÜR 2 PORTIONEN

Zubereitung 10 Minuten

1 mittelgroße Salatgurke
1 kleine Netzmelone (z. B. Cantaloup)
5 Blätter Basilikum
Salz, schwarzer Pfeffer
500 ml Buttermilch
etwas Limettensaft
Tabasco

1 Die Gurke schälen, längs halbieren und die Kerne mit einem Löffel herausschaben. Melone ebenfalls schälen, halbieren und entkernen. Gurke und Melone in grobe Stücke schneiden. Basilikumblätter waschen und trocken tupfen.

2 Gurke und Melone in einen Standmixer oder in ein hohes Gefäß geben. Salzen und pfeffern und Buttermilch dazugießen. In 2–3 Min. mit einem Stabmixer glatt pürieren.

3 Mit etwas Limettensaft und Tabasco abschmecken und eiskalt servieren.

Nährwerte pro Portion:
175 kcal | 11 g EW | 2 g F | 27 g KH

Tipp Mit Nordseekrabben serviert wird der Drink zu einer schnellen Vorspeise.

Tropen-Smoothie

FÜR 2 PORTIONEN

Zubereitung 15 Minuten

1 EL Kokosflocken
175 g Mango
100 ml Blutorangen- oder Orangensaft
100 ml Kefir
100 ml ungesüßte Kokosmilch
2 TL Limettensaft
Außerdem: Eiswürfel

1 Die Kokosflocken in einer beschichteten Pfanne ohne Fett bei mittlerer Hitze leicht rösten. Auf einen Teller geben und abkühlen lassen.

2 Mango schälen und das Fruchtfleisch mit einem scharfen Messer vom Kern schneiden.

3 Mango, Orangensaft, Kefir, Kokosmilch und Limettensaft mit 6–8 Eiswürfeln in einen Standmixer oder ein hohes Gefäß geben und mit einem Stabmixer fein pürieren. In zwei Gläser gießen, mit Kokosflocken bestreuen und servieren.

Nährwerte pro Portion:
193 kcal | 3 g EW | 11 g F | 19 g KH

VARIANTE Statt Mango schmeckt in diesem Drink auch Pfirsich sehr lecker.

Gemüse-Orangen-Saft

FÜR 2 PORTIONEN

Zubereitung 15 Minuten

1 Rote Bete (alternativ 100 ml Rote-Bete-Saft)
4 Stangen Staudensellerie
3 Möhren
20 g Ingwerwurzel
5 Saftorangen
2 TL Olivenöl

1 Rote Bete waschen, den Stielansatz abschneiden und die Knolle vierteln. Sellerie waschen. Möhren waschen, schälen und die Enden abschneiden. Ingwer schälen und klein schneiden.

2 Gemüse und Ingwer nacheinander im mechanischen Entsafter entsaften.

3 Orangen auf einer Saftpresse entsaften. Orangen und Gemüsesaft mischen und das Olivenöl unterrühren. Sofort servieren.

Nährwerte pro Portion:
222 kcal | 5 g EW | 6 g F | 35 g KH

Tipp Wenn es schnell gehen soll, können Sie auch einen Orangen-Direktsaft nehmen.

Tomaten-Dickmilch

FÜR 2 PORTIONEN

Zubereitung 15 Minuten

250 g Dickmilch
1 EL Olivenöl
Salz
Cayennepfeffer
250 ml Tomatensaft
1 EL Balsamico-Essig
3 Blätter Basilikum

1 In einer Schüssel Dickmilch und Olivenöl mit Salz und Cayennepfeffer verrühren und auf zwei Gläser verteilen; kalt stellen.

2 In einer zweiten Schüssel den Tomatensaft mit Balsamico und etwas Salz verrühren. Basilikum waschen, trocken tupfen und in feine Streifen schneiden. Den Tomatensaft langsam über einen Löffelrücken in die Dickmilch gießen, sodass zwei Schichten entstehen.

3 Die Basilikumstreifen darüberstreuen und die Drinks mit Strohhalmen servieren.

Nährwerte pro Portion:
148 kcal | 5 g EW | 10 g F | 10 g KH

Grapefruit-Smoothie mit Roter Bete

FÜR 2 PORTIONEN

Zubereitung 7 Minuten

100 g gekochte Rote Bete (Glas)
200 ml Grapefruitsaft
100 ml Naturjoghurt (1,5 % Fett)
Salz

1 Die Rote Bete würfeln. Mit dem Grapefruitsaft und dem gut gekühlten Joghurt in einem Standmixer oder in einem hohen Gefäß mit einem Stabmixer zu einem glatten Smoothie pürieren.

2 Mit 1 Prise Salz abschmecken, auf zwei Gläser verteilen und servieren.

Nährwerte pro Portion:
86 kcal | 3 g EW | 1 g F | 15 g KH

VARIANTE Wenn Sie es lieber etwas süßer mögen, können Sie den Grapefruitsaft halbieren und 100 ml Orangensaft dazugeben.

Frozen Watermelon

FÜR 2 PORTIONEN

Zubereitung 12 Minuten

Frierzeit 10 Minuten

350 g Wassermelone
50 ml Limettensaft
100 ml Orangensaft

1 Die Wassermelone vierteln und 2 dünne Scheiben abschneiden. Beiseitestellen und von der übrigen Frucht die Schale abschneiden. Das Fruchtfleisch sorgfältig entkernen und würfeln. Auf ein Brett geben und ca. 10 Min. einfrieren.

2 Anschließend mit dem Limetten- und Orangensaft in ein hohes Gefäß geben und mit einem Stabmixer pürieren. In zwei Gläser gießen, mit je 1 Melonenscheibe garnieren und sofort servieren.

Nährwerte pro Portion:
72 kcal | 1 g EW | 0 g F | 16 g KH

Frische-Tipp Einen sommerlichen Kick gibt frische Minze: Dazu 6–8 Blätter waschen, trocken tupfen und mitpürieren.

Ananas-Mango-Shake

FÜR 2 PORTIONEN

Zubereitung 5 Minuten

100 g Ananaswürfel (Dose)
100 g Mango
100 ml Ananassaft (Dose)
100 ml Kokosmilch (Dose)
Außerdem: 2 Limettenscheiben

1 Die Ananaswürfel im Tiefkühlfach ca. 5 Min. lang anfrieren.

2 Die Mango schälen, das Fruchtfleisch vom Kern lösen und würfeln.

3 Alle Zutaten in ein hohes Gefäß geben und mit einem Stabmixer fein pürieren. In zwei Gläser gießen, mit je 1 Limettenscheibe garnieren und servieren.

Nährwerte pro Portion:
165 kcal | 2 g EW | 9 g F | 19 g KH

VARIANTE Alternativ zum Ananassaft können Sie auch Orangensaft verwenden.

Kiwi-Kaltschale

FÜR 2 PORTIONEN

Zubereitung 5 Minuten

4 reife Kiwis
4 Eiswürfel
150 ml Mineralwasser
50 ml Zitronensaft

1 Die Kiwis schälen und vierteln.

2 Die Eiswürfel in einen Gefrierbeutel geben und mit einem Fleischklopfer zerkleinern. Mit den Kiwivierteln, dem Mineralwasser und dem Zitronensaft in einen Standmixer oder in ein hohes Gefäß geben und mit einem Standmixer glatt pürieren. In zwei Gläser gießen und servieren.

Nährwerte pro Portion
52 kcal | 1 g E | 1 g F | 9 g KH

Spitzpaprika mediterran

FÜR 2 PORTIONEN

Zubereitung 20 Minuten

150 g festfleischige Tomaten
1 Knoblauchzehe
1 Zweig Rosmarin
250 g milde Spitzpaprika
2 EL Olivenöl
1 TL Zitronensaft
Meersalz

1 Die Tomaten vierteln, Stielansätze entfernen, das Fruchtfleisch entkernen und würfeln. Knoblauch abziehen und in dünne Scheiben schneiden. Rosmarin waschen, trocken schütteln, abzupfen und die Nadeln fein hacken. Paprika waschen, putzen und klein schneiden.

2 Das Öl in einer Pfanne erhitzen und die Paprika einlegen. Unter Rühren bei starker Hitze ca. 2 Min. braten.

3 Tomaten, Knoblauch, Rosmarin und Zitronensaft in die Pfanne geben und kurz bei mittlerer Hitze mitbraten; darauf achten, dass der Knoblauch nicht zu braun wird. Mit Meersalz würzen und sofort servieren.

Nährwerte pro Portion:
124 kcal | 2 g EW | 10 g F | 5 g KH

Datteln im Serranomantel

FÜR 10 STÜCK

Zubereitung 20 Minuten

Backzeit 12 Minuten

10 Datteln (ca. 200 g)
5 Salbeiblätter
75 g cremiger Schafkäse
Salz, schwarzer Pfeffer
10 geschälte Mandeln
3 dünne Scheiben Serranoschinken
100 g Babyspinat oder Rucola
1 EL Zitronensaft
1 EL Olivenöl
Außerdem: 1 kleine Auflaufform

VARIANTE Anstelle der Mandeln können Sie auch gehackte Walnusskerne verwenden.

1 Den Backofen auf 200° (Umluft 175°) vorheizen.

2 Die Datteln mit einem scharfen Messer häuten, längs einritzen und entkernen. Salbeiblätter waschen, trocken tupfen und halbieren. In einer Schüssel den Käse leicht mit Salz und Pfeffer würzen und in die Datteln füllen. Je 1 Mandel und ½ Salbeiblatt mit hineingeben.

3 Den Schinken in 10 gleich große Stücke schneiden und jede Dattel mit 1 Scheibe umwickeln. Datteln mit der Öffnung nach oben in eine Auflaufform geben und im Ofen (Mitte) ca. 12 Min. backen. Alternativ die Datteln in einer Pfanne in 1 EL heißem Öl ca. 3 Min. braten.

4 Den Spinat waschen und trocken schleudern. In einer Schüssel Zitronensaft und Öl verrühren, salzen und pfeffern und über den Spinat geben. Auf zwei Tellern anrichten und mit den Datteln servieren.

Nährwerte pro Stück:
98 kcal | 4 g EW | 4 g F | 0 g KH

Fruchtig-nussige Käsekugeln

FÜR 6 STÜCK

Zubereitung 15 Minuten

Abtropfzeit 45 Minuten

175 g Frischkäse (Doppelrahmstufe)
50 g Walnusskerne
50 g Rosinen
Salz, schwarzer Pfeffer
2 Scheiben Brot
Außerdem: Küchenpapier

1 Ein Sieb mit Küchenpapier auslegen und den Frischkäse hineingeben. Über einer Schüssel im Kühlschrank ca. 45 Min. abtropfen lassen.

2 Walnüsse und Rosinen jeweils grob hacken und auf einen Teller legen.

3 Den abgetropften Frischkäse in eine Schüssel geben, salzen und pfeffern und mit angefeuchteten Händen zu 6 Kugeln rollen. Die Kugeln in der Nuss-Rosinen-Mischung wälzen. Das Brot toasten und mit den Käsekugeln servieren.

Nährwerte pro Stück:
213 kcal | 6 g EW | 15 g F | 15 g KH

VARIANTE Statt der Nüsse und Rosinen können Sie es auch mit frisch gehackten Kräutern, Oliven oder klein geschnittenen, getrockneten Tomaten versuchen.

Gemüse-Rohkost mit Krabben-Joghurt

FÜR 2 PORTIONEN

Zubereitung 15 Minuten

2 Stangen Staudensellerie
4 Bundmöhren
1 Kohlrabi
150 g Sahnejoghurt
Salz, schwarzer Pfeffer
1 ½ TL Zitronensaft
1 EL Leinöl
½ Bund Schnittlauch
100 g Nordsee-Krabben

1 Den Staudensellerie waschen, putzen und das Blattgrün mit einem Messer abschneiden.

2 Die Möhren waschen und das Grün bis auf einen kleinen dekorativen Rest abschneiden. Die Möhren schälen. Den Kohlrabi waschen, schälen und länglich in mundgerechte Stifte schneiden.

3 Den Joghurt in eine Schüssel geben und mit Salz, Pfeffer und Zitronensaft würzen. Das Leinöl unterrühren. Schnittlauch waschen, trocken schütteln, fein hacken und mit den Krabben unter den Joghurt mischen.

4 Rohkost und Joghurt auf einer kleinen Platte anrichten und sofort servieren.

Nährwerte pro Portion:
253 kcal | 14 g EW | 12 g F | 22 g KH

Gratinierter Ziegenkäse mit marinierter Paprika

FÜR 2 PORTIONEN

Zubereitung 35 Minuten

100 g Zwiebeln
2 EL flüssiger Honig
3 EL Zitronensaft
8 EL Olivenöl
Salz, schwarzer Pfeffer
2 Stängel Basilikum
je 1 rote, gelbe und grüne Paprikaschote (à 200 g)
150 g Ziegenkäserolle
30 g Walnüsse
25 g Semmelbrösel
Außerdem: Backpapier

1 Für die Marinade Zwiebeln abziehen und fein würfeln. In eine Schüssel geben und mit Honig, Zitronensaft und 7 EL Öl verrühren, salzen und pfeffern. Das Basilikum waschen, trocken schütteln und abzupfen. Blätter in feine Streifen schneiden und daruntermischen.

2 Die Paprikaschoten waschen, vierteln, entkernen und auf ein mit Backpapier belegtes Backblech legen. Im Ofen (2. Schiene von oben) bei 200° rösten, bis die Haut dunkel wird und Blasen wirft. In eine Schüssel geben und abgedeckt ca. 10 Min. ruhen lassen. Häuten und warm in die Marinade geben und vermischen. Mit Salz und Pfeffer würzen. Den Käse in 4 Scheiben schneiden.

3 Die Walnüsse fein hacken. Ein Backblech leicht ölen und den Käse darauflegen. In einer Schüssel die Nüsse mit Semmelbröseln und dem restlichen Öl vermischen. Mit Salz und Pfeffer würzen und auf den Käse geben. Im Ofen (unterste Schiene) 8–10 Min. gratinieren und heiß zur marinierten Paprika servieren.

Nährwerte pro Portion:
882 kcal | 23 g EW | 71 g F | 27 g KH

Radieschen und Rettich mit Kürbiskernpesto

FÜR 2 PORTIONEN

Zubereitung 15 Minuten

2 EL Kürbiskerne
1 Knoblauchzehe
1 Bund Petersilie
Salz, schwarzer Pfeffer
3–4 EL Olivenöl
1 EL geriebener Parmesan
2 EL Kürbiskernöl
1 Bund Radieschen
200 g Rettich

1 Die Kürbiskerne in einer beschichteten Pfanne ohne Fett rösten, bis sie sich aufblähen; abkühlen lassen.

2 Für das Pesto den Knoblauch abziehen und klein schneiden. Die Petersilie waschen und trocken schütteln, abzupfen und grob schneiden. Beides fein hacken, in eine Schüssel geben, salzen und pfeffern und mit dem Olivenöl glatt rühren. Käse und Kürbiskernöl unterrühren.

3 Radieschen putzen und halbieren. Rettich schälen, auf der Vierkantreibe in feine Scheiben hobeln. Gemüse und Pesto dekorativ auf einer Platte servieren.

Nährwerte pro Portion:
345 kcal | 5 g EW | 33 g F | 6 g KH

Schinkenröllchen Waldorf

FÜR 2 PORTIONEN

Zubereitung 25 Minuten

35 g Walnüsse
200 g Knollensellerie
Salz
1 grüner Apfel
3 EL Joghurt (1,5 % Fett)
2 EL Mayonnaise (fettreduziert)
schwarzer Pfeffer
1 EL Worcester-Sauce
Tabasco
6–8 Scheiben gekochter Schinken (ca. 180 g)
1 Handvoll Rucola
1–2 TL Zitronensaft
1–2 EL Olivenöl

1 Die Walnüsse grob hacken. In einer beschichteten Pfanne ohne Fett leicht rösten und beiseitestellen.

2 Den Sellerie schälen, vierteln, in feine Streifen schneiden und in kochendem Salzwasser ca. 1 Min. kochen. Dann auf ein Sieb abgießen und kalt abschrecken. Den Apfel waschen, schälen und in Scheiben vom Kerngehäuse schneiden. Anschließend in feine Streifen schneiden.

3 In einer Schüssel Sellerie, Apfelstreifen und die Nüsse mit Joghurt und Mayonnaise vermischen. Mit Salz, Pfeffer und der Worcester-Sauce sowie 1 Spritzer Tabasco würzen. Die Schinkenscheiben nebeneinander auf die Arbeitsfläche legen. Auf jede Scheibe etwas Selleriesalat geben und den Schinken aufrollen.

4 Den Rucola waschen und trocken schleudern. Auf einer Platte mit Zitronensaft und Olivenöl beträufeln und die Schinkenrollen darauf servieren.

Nährwerte pro Portion:
419 kcal | 25 g EW | 29 g F | 13 g KH

VARIANTE Für die Röllchen eignen sich auch Scheiben vom Roastbeef, von Putenbrust oder Bündnerfleisch. Vegetarisch wird das Gericht, wenn Sie den Salat auf Apfelscheiben oder in Chicoréeblätter eingerollt anrichten.

Mozzarella-Sticks mit Aprikosen-Chutney

FÜR 2 PORTIONEN

Zubereitung 12 Minuten

3 Aprikosen
1 rote Zwiebel
1 EL Olivenöl
250 ml Orangensaft
1 kleine rote Chilischote
1 Zweig Thymian
½ Vanillestange
Salz
250 g Mozzarella (fettreduziert, 2 Kugeln)
2 Feigen
Außerdem: 2 Holzspieße

Vorspeisen-Tipp Wenn Sie das Gericht als Vorspeise servieren möchten, schneiden Sie den Mozzarella und die Feigen in Scheiben und richten beides zusammen wie ein klassisches Tomaten-Mozzarella-Gericht (Caprese) an. Dazu schmeckt auch etwas Rucola.

1 Die Aprikosen halbieren, entkernen und klein würfeln. Die Zwiebel abziehen und fein würfeln. Das Öl in einem kleinen Topf erhitzen und Zwiebel- und Aprikosenwürfel darin in ca. 2 Min. anschwitzen; mit dem Orangensaft ablöschen.

2 Die Chilischote waschen, halbieren, von den Kernen befreien und die Fruchthälften klein schneiden. Thymian waschen und trocken schütteln. Die Vanillestange längs halbieren und mit einem Messerrücken das Mark herauskratzen. Vanillemark und Thymian in den Topf geben, salzen und in ca. 5 Min. zu einem sämigen Chutney einkochen. Den Thymian entfernen.

3 Die Mozzarella-Kugeln und die Feigen vierteln und je 1 Feige und 1 Mozzarella-Stück auf Holzspieße stecken. Auf zwei Tellern anrichten und das lauwarme Chutney darübergeben.

Nährwerte pro Portion:
459 kcal | 25 g EW | 30 g F | 20 g KH

Tipp Für eine mildere Schärfe reicht auch ½ Chilischote – wichtig ist das vorherige Entkernen.

Sesam-Obst-Spieße mit Vanillejoghurt

FÜR 2 PORTIONEN

Zubereitung 20 Minuten

2 EL Sesamsamen
200 g Vanillejoghurt (1,5 % Fett)
Saft von ½ Zitrone
1–2 EL Honig
500 g gemischtes Obst der Saison (z. B. Äpfel, Melone, Ananas, Nektarinen)
Außerdem: Holzspieße, 3–4 Blätter Minze

Tipp Für den speziellen Eiweiß-Kick können Sie auch neutralen Joghurt nehmen und 50 g Eiweißpulver mit Vanillegeschmack dazugeben.

1 Die Sesamsamen in einer beschichteten Pfanne ohne Fett goldbraun rösten und auf einem Teller abkühlen lassen. Die Hälfte des Sesams in einer Schüssel mit dem Vanillejoghurt, 2 TL Zitronensaft und Honig verrühren.

2 Das Obst waschen, putzen, schälen, entkernen und in mundgerechte Stücke schneiden. Die Obststücke auf Holzspieße stecken und mit dem restlichen Sesam bestreuen. Mit Joghurt und Minzeblättern garniert servieren.

Nährwerte pro Portion:
307 kcal | 7 g EW | 9 g F | 48 g KH

VARIANTE Die Spieße eignen sich gut zum Grillen. Besonders Ananas und Nektarinen schmecken in dieser Variante.

Johannisbeerküchlein

FÜR 12 STÜCK

Zubereitung 8 Minuten

Backzeit 50 Minuten

200 g Rote Johannisbeeren
4 Eier
50 g weiche Butter
2 Pck. Vanillezucker
50 g Backeiweiß
75 g Vollkornweizenmehl (Type 405)
75 g Hartweizengrieß
1 kg Magerquark (10 % Fett)
50 ml Buttermilch
Außerdem: Muffinform (12 Mulden)
Papierförmchen

1 Die Johannisbeeren waschen und trocken tupfen. Den Ofen auf 175° (Umluft 150°) vorheizen.

2 Die Eier trennen. In einer Schüssel Eigelbe, Butter und Vanillezucker mit dem Handrührgerät cremig rühren. In einem hohen Gefäß das Eiweiß mit dem Handrührgerät steif schlagen.

3 In einer großen Schüssel mit dem Handrührgerät das Koch- und Backeiweiß mit dem Mehl, dem Hartweizengrieß, dem Quark und der Buttermilch glatt rühren. Die Eigelbmasse unterziehen. Die Johannisbeeren vorsichtig unterheben und dann den Eischnee daruntermischen.

4 Die Papierförmchen in die Form geben und den Teig darin verteilen. Im Ofen in ca. 50 Min. goldgelb backen.

Nährwerte pro Portion:
189 kcal | 19 g EW | 6 g F | 14 g KH

Pfirsich-Tartelettes

FÜR 2 PORTIONEN

Zubereitung 3 Minuten

Backzeit 6 Minuten

2 Pfirsiche
1 Ei
ca. 160 g TK-Blätterteig, light (2 Platten)
2 TL Aprikosenmarmelade
4 TL Puderzucker

Tipp Backen Sie am besten gleich eine größere Menge auf Vorrat. Dazu verdoppeln Sie einfach die Zutaten. Die Tartelettes können Sie dann einzeln einfrieren und auftauen.

1 Den Backofen auf 180° vorheizen.

2 Die Pfirsiche waschen, halbieren, entkernen und in dünne Scheiben schneiden. Das Ei verquirlen.

3 Aus dem Blätterteig 4 ca. 10 x 10 cm große Platten schneiden. Gleichmäßig zuerst mit dem verquirlten Ei und dann mit Marmelade bestreichen. Die Pfirsichscheiben so darauflegen, dass rundherum ein kleiner Teigrand frei bleibt. Das Obst vorsichtig etwas andrücken, mit dem Puderzucker bestäuben und im Ofen goldgelb backen.

Nährwerte pro Portion:
489 kcal | 9 g EW | 25 g F | 26 g KH

VARIANTE Je nach Jahreszeit können Sie auch Dosenpfirsiche sowie jedes andere beliebige Obst verwenden.

Himbeereis mit Schokoraspeln

FÜR 2 PORTIONEN

Zubereitung 5 Minuten

Gefrierzeit 1 Stunde

250 g frische Himbeeren
150 g Joghurt
2 TL Honig
50 g Zartbitterschokolade
Außerdem: Zitronenmelissenblätter

Tipp Auch TK-Himbeeren können Sie verwenden. Diese sollten nur richtig aufgetaut und auf Küchenpapier getrocknet sein, damit nicht zu viel Eiswasser in ihnen steckt.

1 Die Himbeeren gründlich waschen und mit dem Joghurt und dem Honig in ein hohes Gefäß füllen. Mit dem Stabmixer pürieren.

2 Die Schokolade auf einer Reibe in die Masse raspeln.

3 Die fertige Eismasse abgedeckt ins Gefrierfach stellen und ca. alle 30 Min. umrühren, damit sich keine Eiskristalle bilden und das Eis cremig bleibt. Sobald es die gewünschte Konsistenz hat, mit einem Eisportionierer Kugeln ausstechen und mit je 1 Melissenblatt garnieren.

Nährwerte pro Portion:
252 kcal | 6 g EW | 13 g F | 25 g KH

VARIANTE Für ein noch cremigeres Eis schlagen Sie mit dem Handrührgerät 50 g Sahne steif und heben diese vor dem Einfrieren unter die Masse.

Rhabarber-Erdbeer-Mousse mit Waldmeister

FÜR 2 PORTIONEN

Zubereitung 15 Minuten

Kühlzeit 3 Stunden

150 g Rhabarber
3 Blatt weiße Gelatine
150 g Erdbeeren
3 EL Zucker
2 EL Weißwein trocken
½ Vanillestange
80 g Joghurt
50 g Mascarpone (oder Sahnequark)
1 EL Limettensaft (oder Zitronensaft)
2 EL Puderzucker
60 g Sahne
1 Eiweiß (M)
Außerdem: 1 Handvoll Waldmeister oder einige Blätter Minze, ein paar Erdbeeren

1 Den Rhabarber waschen, putzen und mit einem Sparschäler schälen. Je nach Dicke der Stangen längs in 3–4 dünne Streifen und anschließend in kleine Würfel schneiden.

2 In einer Schüssel die Gelatine in wenig kaltem Wasser einweichen.

3 Die Erdbeeren waschen, putzen und klein schneiden. Rhabarber, Erdbeeren und Zucker in einen Topf geben, den Wein dazugießen und aufkochen. Bei schwacher Hitze 3–4 Min. garen, beiseitestellen und etwas auskühlen lassen. Die Gelatine ausdrücken, nach und nach unter die lauwarme Rhabarbermischung rühren. Unter gelegentlichem Umrühren erkalten lassen.

4 Inzwischen die Vanillestange längs halbieren und das Mark mit einem Messerrücken herauskratzen. In eine Schüssel geben und mit Joghurt, Mascarpone, Limettensaft und 1 EL Puderzucker zu einer glatten Creme rühren.

5 Die Sahne mit dem Handrührgerät steif schlagen. Das Eiweiß mit 1 EL Puderzucker zu steifem, aber nicht schnittfestem Schnee schlagen. Sobald die Rhabarbermasse zu gelieren beginnt, die Joghurt-Mischung, die Sahne und den Eischnee vorsichtig unterheben.

6 Die Mousse in Dessertschalen füllen und mindestens 3 Std. im Kühlschrank fest werden lassen. Vor dem Servieren mit Waldmeister oder Minze und mit Erdbeeren garnieren.

Nährwerte pro Portion:
421 kcal | 9 g EW | 23 g F | 41 g KH

Tipp Die Mousse kann auch gestürzt werden. Dafür die Portionsschalen vorher kurz in heißes Wasser tauchen und die Mousse auf Dessertteller gleiten lassen.

Aprikosen-Muffins mit Maisgrieß

FÜR 12 STÜCK

Zubereitung 30 Minuten

Backzeit 25 Minuten

300 g vollreife Aprikosen
50 g Mandelstifte
200 g Mehl
50 g Maismehl (oder feiner Maisgrieß)
50 g Backeiweiß
2 TL Backpulver
Salz
75 g Butter
50 g Zucker
125 g Ahornsirup
1 Ei
1 Eigelb
175 ml Milch
Puderzucker zum Bestäuben
Außerdem: Muffinform (12 Mulden),
12 Papierförmchen

Tipp Backen Sie am besten gleich größere Mengen und frieren Sie den Rest ein. Dann jeweils nur 1 Stück auftauen. So verführt der kleine Genuss zwischendurch nicht zum mehr Essen.

1 Den Ofen auf 200° (Umluft 180°) vorheizen.

2 Aprikosen waschen, halbieren und entkernen. Das Fruchtfleisch in 1 cm große Würfel schneiden.

3 Die Mandelstifte in einer beschichteten Pfanne ohne Fett bei mittlerer Hitze goldgelb rösten.

4 Mehl, Maismehl, Backeiweiß sowie Backpulver und 1 kräftige Prise Salz in eine große Schüssel sieben.

5 In einem kleinen Topf die Butter bei mittlerer Hitze schmelzen lassen und in eine Schüssel gießen. Zucker, Ahornsirup, Ei und Eigelb dazugeben und alles mit den Quirlen des Handrührgeräts verrühren. Zusammen mit der Milch zum Mehlgemisch geben und alles zu einem glatten Teig rühren. Die Aprikosenwürfel und die Mandeln vorsichtig unter den Teig heben.

6 Ein Muffinblech mit Papierförmchen auslegen. Den Teig in die Förmchen füllen. Im heißen Ofen (2. Schiene von unten) 25–30 Min. backen. Mit den Förmchen herausheben und mit Puderzucker bestäuben.

Nährwerte pro Portion:
233 kcal | 8 g EW | 9 g F | 29 g KH

VARIANTE Anstelle frischer Aprikosen können Sie auch 100 g klein geschnittene getrocknete verwenden. Ebenso gut eignet sich jedes andere Steinobst wie etwa Nektarinen oder Zwetschgen.

Abendessens-rezepte

Mit gutem Gewissen schlemmen

- Feine Salate – vegetarisch und mit Fleisch
- Suppen – klassisch, mediterran, asiatisch und exotisch
- Eier-, Fleisch- und Fischgerichte mit vielseitigen Gemüsebeilagen

Romana-Salat mit Roquefort und Walnüssen

FÜR 2 PORTIONEN

Zubereitung 15 Minuten

3 Salatherzen (Romana)
1 rote Zwiebel
50 g Walnüsse
175 ml Buttermilch
100 g Mayonnaise (fettreduziert)
50 g Magerquark
2 EL Zitronensaft
Salz, schwarzer Pfeffer
50 g Roquefort

Tipp Sie können auch 30 g in Streifen geschnittenes Bündnerfleisch, geräucherte Entenbrust oder Hähnchenaufschnitt auf den Salat geben.

1 Den Salat putzen, waschen und trocken schleudern. Die Salatblätter in mundgerechte Stücke schneiden. Die Zwiebel abziehen und in dünne Ringe schneiden. Die Walnüsse grob hacken. Alles in eine Schüssel geben.

2 Für das Dressing in einer Schüssel Buttermilch, Mayonnaise, Quark, Zitronensaft, Salz und Pfeffer verquirlen. Die Sauce gründlich unter den Salat mischen.

3 Den Salat auf zwei Teller anrichten und den Roquefort-Käse darüberbröseln.

Nährwerte pro Portion

579 kcal | 18 g E | 50 g F | 13 g KH

Spargelsalat mit Erbsen und Pute

FÜR 2 PORTIONEN

Zubereitung 25 Minuten

Salz
150 g Erbsen (TK)
350 g weißer Spargel
2 Frühlingszwiebeln
2 EL Walnussöl
3 EL Rapsöl
3 EL Limettensaft (alternativ Zitrone)
schwarzer Pfeffer
5 Blätter Minze
4 dünne Putenschnitzel (à 75 g)

Tipp Sehr gut passen zu diesem Salat auch geröstete Mandeln, gebratene Garnelen oder gebratener Fisch.

1 In einem Topf reichlich Salzwasser zum Kochen bringen, salzen und die Erbsen darin 5 Min. kochen.

2 Spargel waschen, schälen, die Enden abschneiden und die Stangen in sehr dünne, schräge Scheiben schneiden. Frühlingszwiebeln waschen, putzen und ebenfalls sehr fein schneiden. Beides in einer Schüssel mischen und leicht salzen. Die Erbsen auf ein Sieb abgießen, kalt abschrecken und gut abgetropft zum Spargel geben.

3 Für die Vinaigrette das Walnussöl und 2 TL Rapsöl, Limettensaft, Salz und Pfeffer verquirlen. Die Minze waschen, trocken tupfen, fein hacken und dazugeben; über den Spargel gießen und alles gründlich mischen.

4 Die Schnitzel salzen und pfeffern. Eine beschichtete Pfanne erhitzen, das restliche Rapsöl hineingeben und die Putenschnitzel darin bei hoher Hitze von jeder Seite 2 Min. braten. Auf Teller geben und mit dem Salat servieren.

Nährwerte pro Portion

431 kcal | 45 g E | 24 g F | 9 g KH

Nizza-Salat

FÜR 2 PORTIONEN

Zubereitung 20 Minuten

150 g feine grüne Bohnen
Salz
2 Eier
2 EL Weißweinessig
1 EL mittelscharfer Senf
schwarzer Pfeffer
4 EL Olivenöl
1 EL Kapern
1 rote Zwiebel
2 Tomaten (ca. 120 g)
2 kleine Salatköpfe nach Wahl
200 g Thunfisch im eigenen Saft (Abtropfgewicht, Dose)
50 g kleine schwarze Oliven

1 Die Bohnen waschen und putzen. In einem Topf Wasser zum Kochen bringen und salzen. Bohnen darin 10 Min. garen, kalt abschrecken und auf einem Sieb abtropfen lassen.

2 In einem Topf mit kochendem Wasser die Eier in 8 Min. hart kochen.

3 Für die Vinaigrette in einer Schüssel den Essig mit Senf, etwas Salz und Pfeffer verquirlen und das Öl unterrühren. Die Kapern klein hacken und anschließend unterheben.

4 Die Zwiebel abziehen und in feine Scheiben schneiden. Die Tomaten waschen, vierteln und die Stielansätze entfernen. Den Salat waschen, trocken schleudern, in mundgerechte Stücke zupfen und in eine große Schüssel geben. Mit der Hälfte der Vinaigrette mischen und auf Teller geben.

5 Die Eier abschrecken, pellen und in Scheiben schneiden. Zwiebelscheiben, Tomatenviertel, Eier und Bohnen auf dem Salat verteilen. Den Thunfisch auf einem Sieb abgießen, darüberbröseln und die Oliven darüberstreuen. Den Salat mit der restlichen Vinaigrette beträufeln.

Nährwerte pro Portion
504 kcal | 35 g E | 33 g F | 13 g KH

Tipp Wenn es besonders schnell gehen soll, können Sie die Bohnen auch durch Wachsbohnen aus dem Glas oder gekochten weißen Bohnen aus der Dose ersetzen.

Schichtsalat mit Schafkäse und Putenbrust

FÜR 2 PORTIONEN

Zubereitung 20 Minuten

2 Eier
1 Kopf Eisbergsalat
100 g Schafkäse
125 g geräucherter Putenbrustaufschnitt
2 Tomaten
3 EL Balsamico-Essig
1 EL mittelscharfer Senf
Salz, schwarzer Pfeffer
4 EL Rapsöl

1 In einem Topf mit kochendem Wasser die Eier in 8 Min. hart kochen. Anschließend abschrecken und pellen.

2 Den Salat waschen, putzen und in feine Streifen schneiden. Den Schafkäse zerbröseln. Den Putenbrustaufschnitt in Streifen schneiden. Die Tomaten waschen, Stielansätze entfernen und das Fruchtfleisch in Scheiben schneiden. Übereinander in eine Salatschüssel schichten.

3 Für die Vinaigrette in einer Schüssel Essig, Senf, Salz und Pfeffer verrühren und das Öl darin verquirlen; anschließend über den Salat geben.

4 Die Eier mit dem Eierschneider in Scheiben schneiden und auf dem Salat verteilen. Portionsweise auf zwei Tellern verteilen und servieren.

Nährwerte pro Portion
485 kcal | 25 g E | 38 g F | 4 g KH

Pfifferlingsalat mit Pfirsichen

FÜR 2 PORTIONEN

Zubereitung 15 Minuten

300 g Pfifferlinge
1 Handvoll Rucola
2 Pfirsiche
1 Knoblauchzehe
2 Schalotten
2 EL Olivenöl
Salz, schwarzer Pfeffer
4 EL Balsamico-Essig

VARIANTE Sie können unter die Pfifferlinge auch Austernpilze mischen. Toll passen auch klein geschnittene, getrocknete Backpflaumen in den Salat.

1 Die Pfifferlinge gründlich putzen, bei Bedarf mit einem Messer die Stielenden abschneiden. Den Rucola waschen und trocken tupfen. Pfirsiche waschen, halbieren, entkernen und in dünne Scheiben schneiden. Knoblauch und Schalotten abziehen und in Streifen schneiden.

2 1 EL Öl in einer beschichteten Pfanne erhitzen und Pilze, Knoblauch und die Hälfte der Schalotten darin bei mittlerer Hitze in 2–3 Min. garen; salzen und pfeffern.

3 1 EL Öl in einer zweiten Pfanne erhitzen und die restlichen Schalotten 1 Min. darin anschwitzen. Pfirsiche dazugeben, mit Salz und Pfeffer würzen, mit dem Balsamico ablöschen und die Flüssigkeit bei mittlerer Hitze komplett einkochen. Die Pfirsiche unter die Pfifferlinge rühren, mit Salz und Pfeffer abschmecken. Den Rucola darunterheben und auf zwei Tellern anrichten.

Nährwerte pro Portion
193 kcal | 5 g E | 11 g F | 17 g KH

Melonen-Kaltschale mit Parmaschinken

FÜR 2 PORTIONEN

Zubereitung 5 Minuten

300 g Honigmelone
200 g Naturjoghurt (1,5 % Fett)
Salz
4 Scheiben Parmaschinken

Tipp Sie können die Kaltschale nach Belieben auch in größeren Mengen zubereiten. Sie hält sich im Kühlschrank mindestens eine Woche.

1 Die Melone vierteln, schälen, das Fruchtfleisch entkernen und in Stücke schneiden. In ein hohes Gefäß geben, den Joghurt dazugeben und mit dem Stabmixer pürieren; mit etwas Salz abschmecken.

2 Den Parmaschinken vom Fettrand befreien und in feine Streifen schneiden.

3 Die Kaltschale in zwei tiefen Tellern anrichten und den Parmaschinken darüberstreuen.

Nährwerte pro Portion
212 kcal | 16 g E | 8 g F | 19 g KH

Tipp Pikanter wird es, wenn Sie vor dem Pürieren eine milde, entkernte Chilischote dazugeben und zusätzlich etwas Parmesan darüberreiben.

Tomaten-Papaya-Suppe

FÜR 2 PORTIONEN

Zubereitung 15 Minuten

1 Gemüsezwiebel
20 g Ingwerwurzel
1 Papaya
1 EL Olivenöl
100 ml passierte Tomaten (Tetrapak)
1 Chilischote
Salz, schwarzer Pfeffer
2 große Blätter Basilikum oder ein paar Korianderblättchen

Tipp Die Suppe schmeckt an heißen Tagen auch kalt.

1 Die Zwiebel abziehen und den Ingwer schälen. Beides in Streifen schneiden. Die Papaya vierteln, mit einem Löffel entkernen, schälen und das Fruchtfleisch würfeln.

2 Das Öl in einem Topf erhitzen und Zwiebel, Ingwer und Papaya darin bei mittlerer Hitze 2 Min. anschwitzen. Die passierten Tomaten dazugießen und aufkochen.

3 Die Chilischote waschen, halbieren, entkernen, das Fruchtfleisch in kleine Streifen schneiden und dazugeben. Mit Salz und Pfeffer würzen und ca. 10 Min. bei schwacher Hitze köcheln lassen. Mit einem Stabmixer pürieren.

4 Basilikum oder Korianderblättchen waschen und trocken tupfen. Die Suppe in zwei tiefen Tellern anrichten und mit den Kräutern garnieren.

Nährwerte pro Portion
146 kcal | 3 g E | 6 g F | 9 g KH

Geeiste Erbsensuppe mit Minzöl

FÜR 2 PORTIONEN

Zubereitung 15 Minuten

Kühlzeit 30 Minuten

50 g Schalotten
175 g Erbsen (TK)
275 ml Gemüsebrühe
Salz
450 g Sahnejoghurt
weißer Pfeffer
3 Zweige Minze
1 kleine Knoblauchzehe
1 EL Pinienkerne
3–4 EL Olivenöl
75 g Hüttenkäse

1 Schalotten abziehen und klein schneiden, mit den Erbsen und der Brühe aufkochen und zugedeckt 8 Min. bei wenig Hitze köcheln lassen. Salzen und abkühlen lassen.

2 Den Joghurt unter die Erbsen rühren. Mit einem Stabmixer pürieren und die Masse durch ein Sieb streichen. Mit Salz und Pfeffer würzen. Die Suppe im Tiefkühlfach 30 Min. kalt stellen. Mehrmals umrühren und sehr kalt werden, aber nicht gefrieren lassen.

3 Die Minze waschen, trocken tupfen und abzupfen. Die Blätter fein hacken. Den Knoblauch abziehen und fein würfeln. Die Pinienkerne in einer beschichteten Pfanne hellbraun rösten und klein hacken. Alles mit dem Öl verrühren und mit Salz und Pfeffer würzen. Die Suppe in zwei kalte Suppenteller geben, den Hüttenkäse darauf verteilen und mit dem Minzöl beträufelt servieren.

Nährwerte pro Portion
627 kcal | 17 g E | 40 g F | 48 g KH

Zucchini-Gazpacho mit Limette

2 PORTIONEN

Zubereitung 15 Minuten

½ Salatgurke
5 Blatt Minze
500 ml Tomatensaft
75 ml Limettensaft
(alternativ Zitrone)
2 TL Salz
schwarzer Pfeffer
1 kleiner Zucchino
1 Knoblauchzehe
1 EL Olivenöl

1 Für das Gazpacho die Gurke waschen, schälen, längs halbieren, mit einem Löffel entkernen und das Fruchtfleisch würfeln. Minze waschen und trocken tupfen. Gurke, Minze, Tomaten- und Limettensaft in ein hohes Gefäß geben und mit einem Stabmixer pürieren. Durch ein Küchensieb passieren und mit Salz und Pfeffer würzen.

2 Den Zucchino waschen, trocken tupfen und die Enden abschneiden, längs in dünne Scheiben, dann in Streifen und feine Würfel schneiden. Knoblauch abziehen und vierteln. Das Öl in einer beschichteten Pfanne erhitzen und Zucchino und Knoblauch darin bei starker Hitze anbraten, bis sie Farbe annehmen. Abschmecken und den Knoblauch entfernen. Gazpacho in zwei Suppenteller füllen und die warmen Zucchiniwürfel dazugeben.

Nährwerte pro Portion
124 kcal | 4 g E | 6 g F | 12 g KH

Räucherlachs-Omelett mit Apfelmeerrettich

FÜR 2 PORTIONEN

Zubereitung 10 Minuten

1 Apfel
100 g Sahnemeerrettich
100 g Räucherlachs
1 EL Rapsöl
6 Eier
100 ml fettarme Milch
Salz, schwarzer Pfeffer

1 Den Apfel waschen, schälen, entkernen und das Fruchtfleisch auf einer Vierkantreibe in eine Schüssel raspeln. Damit er nicht braun wird, sofort mit dem Sahnemeerrettich verrühren und kalt stellen.

2 Den Räucherlachs in Streifen schneiden.

3 Das Öl in einer beschichteten Pfanne erhitzen. In einer Schüssel die Eier mit der Milch verquirlen und Salz und Pfeffer würzen. In die Pfanne gießen und bei schwacher Hitze in ca. 3 Min. stocken lassen, bis sich unten eine feste Schicht gebildet hat. Den Räucherlachs darüberstreuen und ca. 2 Min. weitergaren, bis das Ei ganz gestockt ist. Gegebenenfalls einmal wenden, dann halbieren und mit dem Apfel-Meerrettich auf zwei Tellern anrichten.

Nährwerte pro Portion
629 kcal | 38 g E | 46 g F | 16 g KH

Pilz-Omelett mit Gouda und Tomaten

FÜR 2 PORTIONEN

Zubereitung 15 Minuten

1 kleine Zwiebel
275 g Champignons
2 Tomaten
4 Eier
Salz, schwarzer Pfeffer
1 EL Öl
50 g geriebener Gouda

VARIANTE Anstelle von Gouda können Sie auch geriebenen Emmentaler, Pizzakäse oder Mozzarella verwenden.

VARIANTE Besonders aromatisch wird das Omelett, wenn Sie es mit Pfifferlingen oder Steinpilzen zubereiten.

1 Die Zwiebel abziehen, halbieren und in feine Streifen schneiden. Die Pilze putzen und die Stiele abschneiden, je nach Größe halbieren oder vierteln. Die Tomaten waschen, vierteln, Stielansätze abschneiden, entkernen und das Fruchtfleisch würfeln.

2 In einer Schüssel die Eier verquirlen und mit Salz und Pfeffer würzen. Das Öl in einer beschichteten Pfanne erhitzen. Die Pilze bei starker Hitze 3 Min. braten. Zwiebel und Tomaten hinzugeben und bei mittlerer Hitze 2 Min. braten. Mit Salz und Pfeffer würzen.

3 Die Ei-Mischung in die Pfanne gießen und mit dem Käse bestreuen. Bei mittlerer Hitze stocken lassen. Das Omelett mit einem Pfannenwender in der Mitte zusammenklappen und sofort servieren.

Nährwerte pro Portion
312 kcal | 25 g E | 22 g F | 4 g KH

Kräuterrührei auf Tomaten mit Champignons

FÜR 2 PORTIONEN

Zubereitung 15 Minuten

2 Fleischtomaten
1 EL Öl
Salz, schwarzer Pfeffer
125 g große Champignons
20 g Butter
4 Eier
3 EL fettarme Milch (1,5 % Fett)
2 EL gemischte Kräuter (TK)

Tipp Um dem Rührei eine knusprige Note zu verleihen, können Sie es mit Kürbiskernen bestreuen.

1 Die Tomaten waschen, Stielansätze entfernen und das Fruchtfleisch in Scheiben schneiden. Das Öl in einer beschichteten Pfanne erhitzen und die Tomatenscheiben darin bei starker Hitze von beiden Seiten in 2 Min. anbraten. Mit Salz und Pfeffer würzen und auf zwei Teller verteilen.

2 Die Champignons mit einem Küchentuch sauber reiben, auf der Vierkantreibe fein hobeln oder mit einem Messer in dünne Scheiben schneiden.

3 Die Butter in der beschichteten Pfanne bei schwacher Hitze schmelzen. In einer Schüssel die Eier mit der Milch, etwas Salz und den Kräutern verquirlen und in die Pfanne gießen. Bei schwacher Hitze und unter Rühren stocken lassen. Das Rührei auf die Tomaten geben, mit den Pilzen bestreuen und servieren.

Nährwerte pro Portion
328 kcal | 18 g E | 27 g F | 4 g KH

Ofenpastinaken

FÜR 2 PORTIONEN

Zubereitung 15 Minuten

Backzeit 25 Minuten

500 g Pastinaken
2–3 EL Olivenöl
1 EL flüssiger Honig
Salz, schwarzer Pfeffer
2 Stängel Petersilie
½ Bund Schnittlauch
5 Basilikumblätter
125 g Crème fraîche
1 EL Zitronensaft

Tipp Die Ofenpastinaken passen hervorragend zu rotem Fleisch. Besonders köstlich: Lammkoteletts.

1 Die Pastinaken waschen, putzen und schälen. Je nach Dicke halbieren oder vierteln und auf ein mit Backpapier belegtes Blech geben. Den Backofen auf 200° vorheizen (Umluft nicht empfehlenswert).

2 Für das Würzöl in einer kleinen Schüssel Öl, Honig sowie etwas Salz und Pfeffer verrühren. Über die Pastinaken geben und alles gut mischen. Im heißen Ofen (2. Schiene von unten) 25 Min. backen, dabei nach 15 Min. wenden.

3 Die Kräuter waschen und trocken schütteln. Von der Petersilie Blätter abzupfen und fein schneiden. Den Schnittlauch in feine Ringe schneiden. Das Basilikum in feine Streifen schneiden. In eine Schüssel geben und mit der Crème fraîche, dem Zitronensaft, Salz und Pfeffer verrühren. Zu den Pastinaken servieren.

Nährwerte pro Portion
504 kcal | 4 g E | 38 g F | 34 g KH

Brokkoli-Wok mit Cashewkernen

FÜR 2 PORTIONEN

Zubereitung 25 Minuten

400 g Brokkoli
2 Knoblauchzehen
100 g Zwiebeln
20 g Ingwerwurzel
1 große rote Paprikaschote
½ rote Chilischote
1 Bio-Orange (ca. 250 g)
150 g Tofu (Abtropfgewicht)
3 EL Öl
50 g Cashewkerne
2 EL Sojasauce
2 EL flüssiger Honig
100 ml Gemüsebrühe
Salz, schwarzer Pfeffer

VARIANTE Wenn Sie das Gericht mit Fleisch verfeinern möchten, dann braten Sie als Erstes in 1 EL Öl sehr dünn geschnittenes Fleisch (z. B. Rinderhüfte oder Schweinerücken) bei starker Hitze scharf an. Aus der Pfanne nehmen, beiseitestellen und kurz vor Ende der Garzeit im Wok erwärmen.

1 Den Brokkoli waschen, putzen, die Stiele dabei auf etwa 3 cm kürzen und in Röschen teilen. Die Knoblauchzehen abziehen und pressen.

2 Die Zwiebeln abziehen. Die Ingwerwurzel schälen. Paprika- und Chilischote waschen, jeweils längs halbieren und entkernen. Alles in dünne Streifen schneiden.

3 Die Orange heiß waschen, abtrocknen und die Schale auf der Vierkantreibe fein hobeln. Die Frucht auspressen und den Saft auffangen. Den Tofu würfeln.

4 Einen Wok oder eine tiefe Pfanne stark erhitzen. 1 EL Öl hineingeben und den Brokkoli darin in 2 Portionen unter Rühren jeweils 1 Min. braten, dann herausnehmen und beiseitestellen. Wieder 1 EL Öl in den Wok geben und die Paprikastreifen darin 1 Min. unter Rühren braten.

5 Knoblauch, Zwiebeln, Ingwer, Chili, Orangenabrieb und Cashewkerne dazugeben und 1 Min. unter Rühren braten. Sojasauce, Honig, Gemüsebrühe und Orangensaft hinzugeben. Den Brokkoli wieder in die Pfanne geben und 3 Min. bei mittlerer Hitze garen, dabei gelegentlich umrühren. Den Tofu einlegen und kurz erwärmen. Mit Salz und Pfeffer würzen und sofort servieren.

Nährwerte pro Portion
512 kcal | 18 g E | 30 g F | 41 g KH

Tipp Im Englischen werden Gerichte aus dem Wok als »Stir-Fry« bezeichnet, also »Pfannengerührtes.« Beim Kochen im Wok wird das Bratgut ständig in Bewegung gehalten. So ist ein gleichmäßiges Garen gewährleistet, und es brennt nichts an, da mit relativ hoher Temperatur gebraten wird. Wichtig ist es hier, dass alle Zutaten bereitstehen, bevor Sie mit dem Kochen anfangen.

STAUB
STAUB

Gerösteter Blumenkohl mit Salsa verde

FÜR 2 PORTIONEN

Zubereitung 30 Minuten

2 Eier
1 mittelgroßer Blumenkohl (600 g)
1 Bio-Zitrone
5 EL Olivenöl
Salz, schwarzer Pfeffer
½ Bund Petersilie
½ Bund Basilikum
1 Frühlingszwiebel
2 EL Kapern
6 grüne Oliven ohne Stein
1 EL Zitronensaft

1 Die Eier in 8 Min. hart kochen; dann pellen und grob würfeln. Den Blumenkohl putzen, waschen und in 5 mm dicke Scheiben schneiden. Die Zitrone heiß waschen, abtrocknen und mit Schale vierteln.

2 Den Backofen auf 210° vorheizen. 2 EL Öl in einer Pfanne erhitzen und den Blumenkohl darin in 2–3 Min. anbraten. Die Zitronenstücke dazugeben und mit Salz und Pfeffer würzen. Im Ofen (Mitte) 8 Min. garen.

3 Die Kräuter waschen, trocken schütteln, die Blättchen abzupfen und fein schneiden. Frühlingszwiebel waschen, putzen und in feine Röllchen schneiden. Kapern abtropfen lassen und mit den Oliven grob hacken. Alles mit 3 EL Öl, Zitronensaft, Salz und Pfeffer mischen. Den Blumenkohl mit Eierwürfeln und Sauce servieren.

Nährwerte pro Portion
401 kcal | 13 g E | 26 g F | 7 g KH

Gemüse-Gyros mit Pute

2 PORTIONEN

Zubereitung 20 Minuten

250 g Putenbrust
1–2 EL Gyrosgewürz
2 EL Olivenöl
75 g rote Zwiebeln
200 g Zucchini
1 rote Paprikaschote
1 Knoblauchzehe
2 Stängel Minze
150 g Joghurt (1,5 % Fett)
2 TL Zitronensaft
Salz, schwarzer Pfeffer
1 Prise Zucker
Paprikapulver (rosenscharf) oder Chiliflocken

1 Das Fleisch in schmale Streifen schneiden, in eine Schüssel geben und mit Gyrosgewürz und 1 EL Öl mischen. Zwiebeln abziehen und in Streifen schneiden. Gemüse waschen und putzen, Zucchini und Paprika längs vierteln und in feine Streifen schneiden.

2 Knoblauch abziehen und pressen. Minze waschen, trocken schütteln, abzupfen und die Blätter fein hacken. Beides in eine Schüssel geben und mit Joghurt und Zitronensaft verrühren. Mit Salz, Pfeffer und Zucker würzen.

3 1 EL Öl in einer beschichteten Pfanne erhitzen und darin das Fleisch bei starker Hitze und unter Rühren 4 Min. braten. Herausnehmen und beiseitestellen. Zwiebeln und Gemüse in die Pfanne geben, 3 Min. braten, salzen und pfeffern. Fleisch einlegen und 1 Min. braten. Mit Joghurtsauce und etwas Paprikapulver bestreut servieren.

Nährwerte pro Portion
300 kcal | 35 g E | 13 g F | 9 g KH

Gebackenes Gemüse mit Melissen-Dip

FÜR 2 PORTIONEN

Zubereitung 25 Minuten

Quellzeit 30 Minuten

450 g Gemüse nach Wahl (z. B. Champignons, Zucchini, Brokkoli, Auberginen)
500–1000 ml Rapsöl (je nach Topfgröße)

Variante 1

Für den chinesischen Ausbackteig
200 g Mehl
50 g Backeiweiß
2 TL Backpulver
¼ l Wasser
2 EL Öl
Salz, schwarzer Pfeffer

Variante 2

Für den indischen Ausbackteig
100 g Kichererbsenmehl (Asialaden)
1 Prise Natron
je 1 TL Kurkuma, gemahlener Kreuzkümmel und Koriander
½ TL Cayennepfeffer
2 EL fester Natur-Sojajoghurt (abgetropft)

Für den Dip

2 Stängel Zitronenmelisse
100 g Schmand
1 EL Zitronensaft
Salz, schwarzer Pfeffer

1 Die Zutaten für einen der beiden Tempurateige in eine Schüssel geben und in der angegebenen Reihenfolge mit dem Handrührgerät verrühren. Kalt stellen und 30 Min. quellen lassen.

2 Das Gemüse waschen, putzen und in dünne Scheiben schneiden.

3 Für den Melissen-Dip die Zitronenmelisse waschen, trocken schütteln, abzupfen und die Blätter fein hacken. In eine Schüssel geben und mit dem Schmand und Zitronensaft verrühren. Mit Salz und Pfeffer würzen.

4 Das Öl in einen kleinen Topf gießen, sodass es 3 cm hoch steht und erhitzen. Es hat die richtige Ausbacktemperatur, sobald es sich an der Oberfläche kräuselt. Die Gemüsescheiben durch den Tempurateig ziehen und in ca. 5 Min. im Öl knusprig backen. Anschließend auf Küchenpapier entfetten und mit dem Melissen-Dip servieren.

Nährwerte pro Portion (Variante 1)
862 kcal | 37 g E | 44 g F | 79 g KH

Nährwerte pro Portion (Variante 2)
362 kcal | 18 g E | 16 g F | 35 g KH

Tipp Fein schmecken dazu auch scharfe Paprika- oder Tomatensoßen aus der Flasche.

Rotbarsch-Päckchen mit Gemüse

FÜR 2 PORTIONEN

Zubereitung 25 Minuten

Backzeit 15 Minuten

1 rote Zwiebel
100 g Zucchini
100 g Möhre
2 Rotbarschfilets (à 180 g)
Salz, schwarzer Pfeffer
4 EL Grapefruitsaft
½ TL Currypulver
½ Bund Koriander
Außerdem: 2 Blätter Backpapier (40 x 40 cm)
Öl zum Fetten

1 Den Backofen auf 190° (Umluft 170°) vorheizen. Die Zwiebel abziehen, die Zucchini waschen, die Möhre waschen und schälen. Alles in feine Streifen schneiden.

2 Die Fischfilets salzen und pfeffern. Die Backpapiere auf die Arbeitsfläche legen und leicht fetten; auf jedes je 1 Filet legen. Gemüsestreifen auf dem Fisch verteilen, salzen und pfeffern. Mit dem Grapefruitsaft beträufeln und etwas Currypulver bestreuen. Die Papiere zu kleinen Päckchen verschließen und auf ein Blech geben. In Ofen (Mitte) 15 Min. backen.

3 Koriander waschen, trocken schütteln und abzupfen. Am Ende der Garzeit die Fisch-Päckchen vorsichtig öffnen und den Koriander darüberstreuen.

Nährwerte pro Portion
276 kcal | 34 g E | 12 g F | 6 g KH

Garnelenpfanne mit Oliven und Tomaten

FÜR 2 PORTIONEN

Zubereitung 20 Minuten

350 g Garnelen (geputzt, ohne Kopf und Schale)
Salz
1 Zwiebel
1 Knoblauchzehe
50 g grüne Oliven ohne Stein
1 rote Chilischote
2 EL Olivenöl
75 ml trockener Weißwein
1 Dose Pizzatomaten (425 g)
schwarzer Pfeffer

1 Die Garnelen abspülen, mit Küchenpapier trocken tupfen und leicht salzen.

2 Zwiebel und Knoblauch abziehen und fein würfeln. Die Oliven klein hacken. Die Chilischote putzen.

3 Das Öl in einer Pfanne erhitzen. Die Garnelen darin bei starker Hitze 1 Min. anbraten. Herausnehmen und beiseitestellen. Zwiebel- und Knoblauchwürfel in die Pfanne geben und 1 Min. farblos anschwitzen. Mit Weißwein ablöschen, die Tomaten dazugeben und 2 Min. kochen. Garnelen, Oliven und Chili in die Pfanne geben. 2 Min. kochen und mit Salz und Pfeffer würzen.

Nährwerte pro Portion
351 kcal | 36 g E | 16 g F | 9 g KH

Tipp Wenn Sie Nudeln (als Mittagsgericht) dazuservieren, reicht die Menge für 4 Portionen.

Tipp Eine besondere Würze bekommt das Gericht, wenn Sie es vor dem Servieren mit etwas klein gehacktem Sauerampfer oder Radicchio bestreuen.

Lachs-Gurken-Pfanne

FÜR 2 PORTIONEN

Zubereitung 20 Minuten

400 g Salatgurke
1 mittelgroße Zwiebel
1 TL Koriandersamen
300 g Lachsfilet
Salz, schwarzer Pfeffer
2 EL Rapsöl
125 ml Gemüsebrühe
200 g Sahne
3 Stängel Dill

Tipp Mit Vollkornnudeln als Beilage wird das Gericht ein Mittagessen.

1 Die Gurke schälen, halbieren, mit einem Löffel entkernen und in Stücke schneiden. Zwiebel abziehen und fein würfeln. Koriander im Mörser zerkleinern. Den Lachs in ca. 1 ½ cm große Würfel schneiden. Salzen, pfeffern und mit Koriander bestreuen. Das Öl in einer Pfanne erhitzen und den Fisch darin in ca. 2–3 Min. rundherum anbraten. Herausnehmen und beiseitestellen.

2 Zwiebelwürfel in die Pfanne geben und 1 Min. darin anschwitzen. Gurke dazugeben und 2 Min. braten. Mit Salz und Pfeffer würzen. Brühe und Sahne eingießen, aufkochen und 4 Min. bei schwacher Hitze köcheln. Den Dill waschen, trocken schütteln, abzupfen und fein hacken. Den Lachs in der Pfanne kurz aufkochen und mit Salz und Pfeffer abschmecken. Mit dem Dill bestreut servieren.

Nährwerte pro Portion
597 kcal | 33 g E | 47 g F | 9 g KH

Terriyaki-Lachs mit Sesam-Zuckerschoten

FÜR 2 PORTIONEN

Zubereitung 10 Minuten

Marinierzeit 10 Minuten

Backzeit 10 Minuten

2 TL Honig
3 EL Olivenöl
1 EL Zitronensaft
4 EL Sojasauce
2 Lachsfilets (à 200 g)
200 g Zuckerschoten
Salz
1 EL Reisessig
1 TL Rapsöl
1 EL Sesamsamen
schwarzer Pfeffer

1 Für die Marinade in einem tiefen Teller Honig, 2 EL Olivenöl, Zitronensaft und 3 EL Sojasauce verrühren. Die Filets darin wenden und 10 Min. ziehen lassen.

2 Für das Gemüse die Zuckerschoten in einem Topf mit kochendem Salzwasser 1 Min. blanchieren. Auf ein Sieb gießen, abschrecken und abtropfen lassen. In einer Schüssel Reisessig, Rapsöl, das restliche Olivenöl und Sojasauce mischen und die Schoten darunterheben. Sesam in einer beschichteten Pfanne ohne Fett rösten und heiß unter die Schoten mischen. Mit Salz und Pfeffer würzen.

3 Ein Backblech im Ofen bei 220° (Umluft nicht empfehlenswert) 5 Min. erhitzen. Den Fisch daraufsetzen. 10 Min. (2. Schiene von unten) garen. Den Fisch herausnehmen und mit den Zuckerschoten servieren.

Nährwerte pro Portion
681 kcal | 34 g E | 48 g F | 18 g KH

Steinbeißerfilet in Mandelkruste mit Spitzkohl

FÜR 2 PORTIONEN

Zubereitung 20 Minuten

Backzeit 8 Minuten

350 g Spitzkohl
1 Zwiebel
1 große Knoblauchzehe
2 EL Rapsöl
Salz, schwarzer Pfeffer
1 TL gemahlener Ingwer
100 g Sahne
2 EL gemahlene Mandeln
2 Steinbeißerfilets (à 150 g)
Außerdem: ofenfeste Form

VARIANTE Gut geeignet sind auch Lengfisch oder Rotbarsch.

1 Den Ofen auf 200° (Umluft 170°) vorheizen. Spitzkohl putzen und waschen. Die Blätter quer zur Rippe in feine Streifen schneiden. Zwiebel und Knoblauch abziehen und klein würfeln. 1 EL Öl in einer Pfanne erhitzen und die Zwiebelwürfel darin unter Rühren 1 Min. anschwitzen. Kohl und Knoblauch dazugeben und unter Rühren 3 Min. anschwitzen. Mit Salz, Pfeffer und Ingwer würzen. Sahne dazugießen, aufkochen und den Kohl zugedeckt warm halten.

2 1 EL Öl in einer zweiten Pfanne erhitzen. Mandeln in einen tiefen Teller streuen. Den Fisch leicht salzen, mit einer Seite hineinlegen und andrücken. Die Filets in der Pfanne bei mittlerer Hitze ca. 1 Min. anbraten. Den Fisch in die Form legen. Im Ofen (Mitte) 8 Min. backen. Das Gemüse mit dem Fisch darauf servieren.

Nährwerte pro Portion
389 kcal | 30 g E | 26 g F | 7 g KH

Thunfischfilet auf Oliven-Blaubeer-Sauce

FÜR 2 PORTIONEN

Zubereitung 20 Minuten

1 Schalotte
1 Knoblauchzehe
150 g Blaubeeren
100 g schwarze Oliven
1 TL Butter
1 TL Agavendicksaft
2 Lorbeerblätter
500 ml Rotwein
Salz, schwarzer Pfeffer
2 Thunfischfilets (ca. 250 g)
1 EL Olivenöl

1 Schalotte und Knoblauch abziehen und klein würfeln. Blaubeeren waschen. Oliven nach Belieben halbieren. Butter in einer Pfanne schmelzen und den Agavendicksaft dazugeben. Schalotten- und Knoblauchwürfel, Oliven, die Hälfte der Blaubeeren und den Lorbeer hinzufügen. Mit Rotwein ablöschen und Salz und Pfeffer würzen. Den Wein bei mittlerer Hitze sämig einkochen. Restliche Blaubeeren einstreuen und kurz mitschmoren.

2 Den Fisch waschen, trocken tupfen, salzen und pfeffern. Das Öl in einer zweiten Pfanne stark erhitzen und die Filets darin ca. 2–3 Min. scharf anbraten. Sobald sie bräunlich sind, bei schwacher Hitze 2 Min. garen.

3 Die Lorbeerblätter entfernen und diese auf zwei Tellern anrichten, die Filets daraufsetzen und servieren.

Nährwerte pro Portion
931 kcal | 56 g E | 54 g F | 19 g KH

Seelachsröllchen in Weißweinsauce

FÜR 2 PORTIONEN

Zubereitung 30 Minuten

2 dünne Scheiben Seelachsfilet (à 150 g)
Salz, schwarzer Pfeffer
4 dünne Scheiben Schinkenspeck (ca. 45 g)
250 g Möhren
4 Schalotten
50 g Butter
150 ml Weißwein
150 ml Gemüsebrühe oder Fischfond
100 g Sahne
1 Bund Frühlingszwiebeln
1 EL Petersilie (TK)
Außerdem:
4 Holzstäbchen oder Küchengarn

1 Den Seelachs abspülen, trocken tupfen und mit Salz und Pfeffer würzen. Die Filets mit der Hautseite auf die Arbeitsfläche legen. Auf jedes je 2 Scheiben Speck legen und vorsichtig von der schmalen Seite her aufrollen. Mit je 2 Holzstäbchen feststecken oder Küchengarn zuschnüren.

2 Für das Gemüse die Möhren waschen, putzen, schälen und in dünne Scheiben schneiden. Die Schalotten abziehen und vierteln.

3 Die Butter in einem großen, flachen Topf schmelzen. Möhren und Schalotten darin ca. 2 Min. andünsten und mit Salz und Pfeffer würzen. Weißwein eingießen und 2 Min. bei schwacher Hitze kochen lassen. Gemüsebrühe und Sahne hinzufügen und kurz aufkochen.

4 Inzwischen die Frühlingszwiebeln waschen, putzen, in 3 cm breite Stücke schneiden und unter das Gemüse rühren. Die Fischröllchen daraufsetzen und alles zugedeckt ca. 10 Min. bei schwacher Hitze dünsten; dabei die Röllchen einmal wenden.

5 Den Fisch herausnehmen und warm stellen. Petersilie unter das Gemüse rühren. Den Fisch auf vorgewärmten Tellern auf dem Gemüse anrichten, die Sauce darübergeben und servieren.

Nährwerte pro Portion
609 kcal | 37 g E | 40 g F | 13 g KH

Tipp Dazu schmecken alle Blattsalate mit einer klassischen Essig-Öl-Vinaigrette.

Schweinegeschnetzeltes mit Gorgonzola

FÜR 2 PORTIONEN

Zubereitung 20 Minuten

1 kleine Zwiebel
1 kleiner Radicchio
325 g Schweinegeschnetzeltes (vom Metzger vorbereiten lassen)
Salz, schwarzer Pfeffer
2 EL Öl
75 ml trockener Weißwein
200 g Sahne
75 g Gorgonzola

Tipp Statt Gorgonzola können Sie jeden Käse aus Ihrem Kühlschrank verwenden: geriebenen Gouda, Mozzarella, Edamer oder Schmelzkäse.

1 Die Zwiebel abziehen und fein würfeln. Den Radicchio waschen, putzen und in feine Streifen schneiden.

2 Fleisch mit Salz und Pfeffer würzen. Das Öl in einer beschichteten Pfanne erhitzen und das Geschnetzelte darin bei starker Hitze rundherum ca. 1 Min. scharf anbraten. Herausnehmen und beiseitestellen. Die Zwiebel in die Pfanne geben und bei schwacher Hitze 1 Min. anschwitzen. Mit Weißwein ablöschen und die Sahne dazugeben. In 4 Min. unter Rühren cremig einkochen.

3 Das Fleisch, den Käse und den Radicchio in die Pfanne geben. Aufkochen, alles gut verrühren und mit Salz und Pfeffer abschmecken. Sofort servieren.

Nährwerte pro Portion
556 kcal | 21 g E | 40 g F | 19 g KH

VARIANTE Milder als der Radicchio schmeckt frischer Blattspinat in diesem Gericht.

Minutensteaks mit Chicorée

FÜR 2 PORTIONEN

Zubereitung 15 Minuten

1 Zwiebel
2 Chicorée
6 Basilikumblätter
4 dünne Rumpsteaks ohne Fett (1 cm dick, à ca. 100 g)
Salz, schwarzer Pfeffer
2 EL Öl
20 g Butter
125 ml frisch gepresster Orangensaft
1 EL Balsamico-Essig
Zucker

1 Die Zwiebel abziehen und fein würfeln. Den Chicorée waschen, entstrunken und in 1 cm breite Streifen schneiden. Basilikum waschen und trocken tupfen.

2 Die Rumpsteaks halbieren und mit Salz und Pfeffer würzen. Das Öl in einer Pfanne stark erhitzen und das Fleisch darin von jeder Seite ca. 30 – 40 Sek. scharf anbraten. Herausnehmen und beiseitestellen.

3 Die Butter in der Pfanne schmelzen und die Zwiebel darin 1 Min. anschwitzen. Chicoréestreifen hinzugeben und 1 Min. unter Rühren dünsten. Mit Orangensaft und Essig ablöschen und 30 Sek. bei mittlerer Hitze kochen. Mit Salz, Pfeffer und etwas Zucker würzen. Basilikumblätter dazugeben, die Steaks kurz in der Pfanne erwärmen und sofort auf zwei Tellern servieren.

Nährwerte pro Portion
481 kcal | 47 g E | 28 g F | 10 g KH

Entenbrust-Carpaccio mit Melonen-Vinaigrette

FÜR 2 PORTIONEN

Zubereitung 4 Minuten

2 EL Olivenöl
2 EL Balsamico-Essig
100 g Honigmelone
6 Salbeiblätter
Salz, schwarzer Pfeffer
1 Handvoll Rucola
200 g geräucherte Entenbrustscheiben

1 Für die Vinaigrette in einem hohen Gefäß das Olivenöl mit dem Essig verrühren. Die Melone schälen und entkernen. Das Fruchtfleisch grob zerkleinern und zur Essig-Öl-Mischung geben. Mit dem Stabmixer grob pürieren. Die Salbeiblätter waschen, trocken tupfen und in feine Streifen schneiden, unter die Vinaigrette rühren und mit Salz und Pfeffer würzen.

2 Den Rucola waschen und trocken schleudern. Die Entenbrustscheiben flach auf zwei Tellern anrichten, die Vinaigrette darüber verteilen und mit dem Rucola bestreuen.

Nährwerte pro Portion
292 kcal | 19 g E | 20 g F | 7 g KH

Tipp Wenn es etwas fettärmer sein soll, können Sie anstelle des Olivenöls auch etwas Naturjoghurt nehmen.

Aubergine mit Tomaten und Minzjoghurt

FÜR 2 PORTIONEN

Zubereitung 15 Minuten

1 große Aubergine
1 rote Zwiebel
1 Knoblauchzehe
150 g Kirschtomaten
1 EL Olivenöl
Salz, schwarzer Pfeffer
6–8 Blätter Minze
80 g Naturjoghurt (1,5 % Fett)

Tipp Zu diesem Rezept passen toll Lammkoteletts oder gebratene Entenbrust.

1 Die Aubergine waschen, putzen und würfeln.

2 Zwiebel und Knoblauch abziehen und in Scheiben schneiden. Kirschtomaten waschen und halbieren.

3 Das Öl in einer Pfanne erhitzen und das Gemüse bei starker Hitze ca. 3–5 Min. scharf anbraten, bis die Auberginenwürfel geröstet sind und Farbe angenommen haben. Mit Salz und Pfeffer würzen, bei schwacher Hitze ca. 1 Min. dünsten, bis die Kirschtomaten geschmolzen sind.

4 Die Minze waschen, trocken tupfen und in Streifen schneiden. In eine Schüssel geben, mit dem Joghurt verrühren und mit Salz und Pfeffer abschmecken. Gemüse auf zwei Tellern anrichten und den Joghurt darübergeben.

Nährwerte pro Portion
126 kcal | 5 g E | 7 g F | 10 g KH

Überbackene Paprika-Hähnchenbrustfilets

FÜR 2 PORTIONEN

Zubereitung 20 Minuten

Backzeit 5 Minuten

2 Hähnchenbrustfilets (ca. 250 g)
2 Knoblauchzehen
2 kleine rote Paprika
2 Frühlingszwiebeln
je 1 Zweig Rosmarin, Thymian und Oregano
2 EL Olivenöl
Salz, schwarzer Pfeffer
300 g passierte Tomaten
125 g Mozzarella in Scheiben
75 g geriebener Edamer
Außerdem: Auflaufform

1 Die Hähnchenbrustfilets waschen, trocken tupfen, von Sehnen befreien und in Streifen schneiden. Den Knoblauch abziehen und in Scheiben schneiden. Die Paprika waschen, putzen, entkernen und zuerst in Längsstreifen und dann in Würfel schneiden. Die Frühlingszwiebeln waschen, putzen und klein würfeln. Die Kräuterzweige waschen und trocken schütteln.

2 1 EL Öl in einer beschichteten Pfanne erhitzen und die Hähnchenbruststreifen mit der Hälfte des Knoblauchs darin von allen Seiten in ca. 5 Min. anbraten. Mit Salz und Pfeffer würzen, herausnehmen und beiseitestellen.

3 Den Ofen auf 200° (Umluft 180°) vorheizen.

4 Das restliche Olivenöl in der Pfanne erhitzen, die Gemüsewürfel einstreuen, salzen und pfeffern und bei schwacher Hitze ca. 3 Min. dünsten. Die Hähnchenstreifen dazugeben, mit den passierten Tomaten übergießen und die Kräuterzweige einlegen. Ca. 4 Min. garen, bis die Flüssigkeit etwas eingekocht ist. Mit Salz und Pfeffer abschmecken.

5 Gemüse in eine Auflaufform geben, Hähnchenstreifen und Sauce darübergeben, Mozzarella und Edamer gleichmäßig darüber verteilen und im Backofen in ca. 5 Min. überbacken.

Nährwerte pro Portion

738 kcal | 79 g E | 40 g F | 10 g KH

VARIANTE Vegetarisch wird es, wenn Sie das Hähnchen durch 2 Stücke festen Feta-Käse (ca. 125 g) ersetzen. Den übrigen Käse lassen Sie dann weg.

REZEPTREGISTER

ZUTATENREGISTER

IMPRESSUM

Projektleitung: Stephanie Wenzel
Redaktionelle Mitarbeit: Journalistenbüro Hamburg (Franziska Pfeiffer, Martina Radloff)
Lektorat: Anna Cavelius, Schondorf
Korrektorat: Mischa Gallé
Umschlaggestaltung und Layout: independent Medien-Design, Horst Moser München
Herstellung: Renate Hutt
Satz: Lydia Geißler
Repro: Repro Ludwig, Zell am See
Druck: Firmengruppe APPL, aprinta Druck, Wemding
Bindung: Firmengruppe APPL, sellier Druck, Freising

Fotoproduktion

Eising Studio | Food Photo & Video
Fotografie: Martina Görlach, München
Food-Styling: Michael Koch und Flora Hohmann
Foto-Assistenz: Katrin Oswald

Bildnachweis

Lena Wagner: S. 6; Udo Bojahr: S. 11, 13; Mauritius: S. 8; Klaus-Maria Einwanger: S. 31; Stock Food: S. 34; Johannes Rodach: S. 37, 38, 39; Illustration: © Elena Andreeva - Fotolia.com

Syndication:

www.jalag-syndication.de

ISBN: 978-3-8338-2607-8
1. Auflage 2012

Umwelthinweis:

Dieses Buch ist auf PEFC-zertifiziertem Papier aus nachhaltiger Waldwirtschaft gedruckt.

Bezugsquellen für Eiweiß zum Kochen und Backen

Die Rezepte in diesem Buch wurden auf der Basis von Hanuko Koch- und Backeiweiß entwickelt. Wenn Sie ein Eiweißpulver anderer Hersteller verwenden, achten Sie darauf, dass es geschmacksneutral, ungesüßt und zum Kochen und Backen geeignet ist. Je nach Produkt und Zusammensetzung des Rezeptes kann es zu Abweichungen bei den erforderlichen Flüssigkeitsmengen kommen.

HANUKO Koch- und Backeiweiß, www.hanuko.de

Inko X-Treme Muscle 95 (Hersteller: inkospor), www.amazon.de, www.powerfit24.de

Power-Protein 90 (Hersteller: Body Attack), www.body-attack.de

Protein 90 plus (Hersteller: Power System) www.power-system-sport.de, in vielen Drogerien erhältlich, z. B. bei Rossmann, Budnikowski, dm

Eiweißpulver Neutral (Hersteller: SECRET of HEALTH) www.secret-of-health.eu

SUPER HI PRO 128 (Hersteller: POWER STAR FOOD) www.powerstar.de

GRÄFE UND UNZER

Ein Unternehmen der
GANSKE VERLAGSGRUPPE

DAS ORIGINAL MIT GARANTIE GU

Unsere Garantie

Alle Informationen in diesem Ratgeber sind sorgfältig und gewissenhaft geprüft. Sollte dennoch einmal ein Fehler enthalten sein, schicken Sie uns das Buch mit dem entsprechenden Hinweis an unseren Leserservice zurück. Wir tauschen Ihnen den GU-Ratgeber gegen einen anderen zum gleichen oder ähnlichen Thema um.

Liebe Leserin und lieber Leser,

wir freuen uns, dass Sie sich für ein GU-Buch entschieden haben. Mit Ihrem Kauf setzen Sie auf die Qualität, Kompetenz und Aktualität unserer Ratgeber. Dafür sagen wir Danke! Wir wollen als führender Ratgeberverlag noch besser werden. Daher ist uns Ihre Meinung wichtig. Bitte senden Sie uns Ihre Anregungen, Ihre Kritik oder Ihr Lob zu unseren Büchern.
Haben Sie Fragen oder benötigen Sie weiteren Rat zum Thema? Wir freuen uns auf Ihre Nachricht!

Wir sind für Sie da!
Montag–Donnerstag: 8.00–18.00 Uhr;
Freitag: 8.00–16.00 Uhr
Tel.: 0180-5 00 50 54*
Fax: 0180-5 01 20 54*
E-Mail: leserservice@graefe-und-unzer.de

*(0,14 €/Min. aus dem dt. Festnetz/ Mobilfunkpreise maximal 0,42 €/Min.)

P.S.: Wollen Sie noch mehr Aktuelles von GU wissen, dann abonnieren Sie doch unseren kostenlosen GU-Online-Newsletter und/oder unsere kosten losen Kundenmagazine.

GRÄFE UND UNZER VERLAG
Leserservice
Postfach 86 03 13
81630 München*